AF273839

UTOPÍA

TOMÁS MORO

UTOPÍA

Introducción, traducción y notas de
ANDRÉS VÁZQUEZ DE PRADA

Tercera edición

EDICIONES RIALP
MADRID

© 2026 de la presente edición *by* EDICIONES RIALP, S. A.
Manuel Uribe 13-15, 28033 MADRID
(www.rialp.com)

Primera edición: junio de 2013
Tercera edición: abril de 2026

Preimpresión: www.produccioneditorial.com

ISBN (edición impresa): 978-84-321-7349-3
ISBN (edición digital): 978-84-321-4301-4
ISBN (edición bajo demanda): 978-84-321-5460-7
ISNI: 0000 0001 0725 313X
Depósito legal: M-2344-2026
Impreso por Anzos, S. L., Fuenlabrada (Madrid)

ÍNDICE

UTOPÍA[1]

---

[1] Respecto a los títulos de la obra en diversas ediciones, véase lo que se dice al principio de la Introducción. Los subtítulos puestos aquí al Libro I no aparecen en la edición original; se incluyen para facilitar la lectura. Los subtítulos del Libro II se corresponden con la edición original.

INTRODUCCIÓN

Leer con provecho la *Utopía* es, hoy por hoy, un ejercicio literario e intelectual que requiere un buen pertrecho de conocimientos histórico-culturales. Una lectura superficial llevaría a conclusiones paradójicas y a tesis insostenibles. La obra fue escrita y editada para los contemporáneos de Moro. Va en latín, lengua entonces universal entre los humanistas, letrados, príncipes, eclesiásticos y hombres de cultura. Aparece en 1516, y a esa época hay que referirla.

Sin embargo, como todo libro editado y puesto en circulación, es ya de por sí una criatura viva e independiente de quien la dio a luz. Aquellos datos —época, lengua, lectores señalan una vía de interpretación y un contenido más o menos determinado de la obra. Mientras que, al andar de los años, las traducciones a diversos idiomas, y el alejamiento de los problemas que estaban candentes en las fechas de la edición original, dan lugar a una disparidad interpretativa distanciada de la mente de su autor. Por todo lo cual es preciso hacer previo examen del libro impreso y de su gestación en la mente de Moro.

Los títulos de la obra

El título de las primeras ediciones es: *De Optimo Reip. Statv, deqve noua insula Vtopia, libellus uere aureus, nec minus salutaris quam festiuus, clarissimi disertissimique uiri THOMAE MORI inclytae ciuitatis Londinensis ciuis & Vicecomitis 1:* «Sobre la mejor forma de Comunidad política y la nueva isla de Utopía, librito verdaderamente áureo y no menos saludable que festivo, por Tomás Moro, muy ilustre y elocuente ciudadano y vicesheriff de la ínclita ciudad de Londres».

El título de la obra, cuidadosamente pensado por Moro, coloca ante el lector dos elementos aparentemente dispares, si no contradictorios, pues se presenta como un tratado sobre la mejor forma de gobierno y sobre la nueva ínsula de Utopía. Pero ¿se percata el lector actual de que «utopía» significa «en ninguna parte»[2], que se trata de una isla inexistente o incluso contradictoria? Esta doble faceta de la obra se continúa en el subtítulo explicativo: libro «no menos saludable que festivo». Sobre este doble ingrediente de seriedad y de chanza, al igual que el carácter de su autor, está montada la obra.

En la carta de Moro a su amigo Pedro Gilles (Pedro Egidio), que sirve de prefacio e introducción a la *Utopía,* se nos advierte que «hay personas tan tétricas que no admiten bromas, y otras tan insulsas que no soportan gracias. Algunos tienen un sentido del humor tan chato que rehúyen la agudeza como el perro rabioso huye del agua».

---

[1] En la edición de París, 1517, el «no menos saludable que festivo» es reemplazado por *non minus utile quam elegans.*

[2] Utopía (del griego οὐ τόπος) más que «en ninguna parte», propiamente significa la negación de ubicación o localización y, por consiguiente, de su misma existencia o posibilidad, un «lugar que no es lugar».

Moro intenta el equilibrio entre la broma y la seriedad, entre la ficción y la realidad, armonía que se rompió con el correr del tiempo hasta el punto de que ya a principios del siglo XVII, por exclusión, se ha impuesto el título de Utopía[3]. Palabra que adquiere, además, validez en todas las lenguas, como la tienen —al igual que el adjetivo «utópico»— «maquiavélico», «quijotesco» o «pantagruélico». La obra de Moro da origen asimismo a un nuevo género literario. En él se comprenden una serie de obras que van desde la Ciudad del Sol de Tomás Campanella, la Nueva Atlántida de Francisco Bacon, o los *Viajes de Gulliver* de Jonatan Swift, hasta los mundos desaparecidos de H. G. Wells, las proyecciones históricas de Aldous Huxley, las civilizaciones extraterrestres de C. S. Lewis o las ficciones políticas de Jorge Orwell[4].

Génesis de la *Utopía*

Las condiciones en que se fragua la obra resultan de extraordinaria importancia a la hora de indagar las razones que movieron a su autor y el sentido que quiso dar al libro. Desde su primera página se esfuerza Moro por encuadrar personajes y sucesos en la historia de esos días de 1515. Comienza refiriendo cómo había sido enviado a Flandes, como miembro de la embajada británica dirigida por Tunstal, para

---

[3] Era de esperar que la segunda parte del título: «la isla de Utopía», se impusiera al incoloro «Sobre la mejor forma de Comunidad Política». Así sucede a partir del s. XVII. La primera edición en francés de la *Utopía* (1550) lleva ya un breve título: *La Description de l'Isle d'Vtopie.* Cfr. *St. Thomas More: A Preliminary Bibliography of His Works and of Moreana to the Year 1750,* recopilado por R. W. Gibson, New Haven, 1961.

[4] Cfr. Claude Bourles, La place de l'Utopie dans la literature de Science fiction, en «Moreana», Bulletin Thomas More, Organe de l'Association Amici Thomae Morí, n. 83-84, Angers 1984, pp. 197-203; Misceláneas sobre Utopía en n. 31-32 (1971) y n. 77 (1983) de «Moreana».

resolver diferencias políticas y comerciales con los consejeros y delegados del príncipe Carlos. En Brujas celebraron una entrevista sin llegar a ponerse de acuerdo. Moro aprovecha la pausa que sigue para ir a Amberes, donde al salir un día de oír Misa en la iglesia de Santa María se encuentra a su amigo Pedro Gilles conversando con un desconocido, que resulta ser Rafael Hythlodeo. Con esta narración introductoria queda insertada en la historia la ficción, y el personaje que la representa.

Este es el marco de la obra. Su contenido: la conversación que mantienen Moro y Pedro Gilles con Rafael. El sitio: el jardín de la casa en que se hospedaba Moro en Amberes.

La obra se compone de dos libros, o dos partes, que se corresponden con las dos sesiones de la conversación que mantienen los tres personajes. En la primera parte se recoge lo dicho y discutido antes de comer; esto es, se expone la dolorosa realidad de la sociedad europea: la injusticia de las leyes penales, los horrores de la guerra, la miseria de los pobres, la codicia de mercaderes y potentados, el orgullo y ociosidad de los nobles, las ambiciones guerreras de los príncipes, la ruina de artes y oficios... Y, después de haber comido, se sentarán de nuevo los tres en el mismo sitio, donde Rafael hará una detallada descripción de la isla de Utopía y de sus habitantes, de sus ideas y costumbres, y de su organización social, económica y política. Este relato llena, en casi su totalidad, la segunda parte de la obra.

El conjunto constituye, pues, una unidad de acción y propósito para el lector. Y, a rasgos generales, puede decirse que su estructura se compone de dos mitades. La primera consiste en una exposición crítica, histórica y realista, de la sociedad europea a comienzos del siglo XVI. La otra mitad va consagrada a la descripción de la isla de Utopía, y debe entenderse como fantasía literaria en paralelo a lo que se nos narra en la primera parte, esto es, en reflexión o en contraposición a las prácticas sociales y vicios arraigados en la Cristiandad europea en vida de Moro.

La gestación de la *Utopía* no se corresponde, sin embargo, con esa estructuración cronológica[5]. Sabemos que durante el verano de 1515 Moro compuso la parte segunda de la obra (la descripción de la isla de Utopía), y que regresó a Londres con el manuscrito. En Londres, acuciado de problemas y corto de tiempo para todo ejercicio literario, madura la obra y le añade lo que constituye la mayor parte del libro primero (exposición de la lamentable situación social de los reinos europeos). El 3 de septiembre de 1516, Tomás Moro escribirá a Erasmo diciéndole: «te envío mi Nusquama»[6] (*Nusquama* es el equivalente latino de Utopía, nombre que pronto desechó). Erasmo se encargará de preparar su publicación, y la obra saldrá impresa a finales de 1516 en Lovaina.

El mundo contemporáneo de la *Utopía*

Es la época del primer florecer renacentista, cargado de esperanzas y optimismo. La inspiración de las artes y la devoción a las ciencias se hacen sentir por toda Europa. Hay una brisa de excitación creadora a la par que un desarrollo de los medios de comunicación intelectual al instalarse docenas de talleres de prensa que divulgan las obras literarias, filosóficas y científicas de la Antigüedad[7].

---

[5] Sobre la composición de la obra: J. H. Hexter, *More's Utopia: The biography of an idea*, Princeton, 1952.

[6] Cfr. P. S. et. H. M. ALLEN, *Opus Epistolarum Des. Erasmi Roterodami*, Oxford, 1906-1958, vol. II, 461.

[7] Cfr. G. Marchadour, *L'Univers de Thomas More: Chronologie critique de More, Erasme, et leur époque (1477-1536)*, París, 1963 (Vrin).

El mundo político está entregado a la febril actividad de los nuevos príncipes, prontos a cambiar fronteras, fortalecer ejércitos, engrandecer su poder y la pompa de sus cortes, y enriquecerse a costa de súbditos y vecinos en algunos casos. Presentes en el recuerdo de Moro estaban la política ambiciosa de Luis XII de Francia; las alianzas de Fernando de Aragón, hacedor y rompedor de tratados; la avaricia y astucia de Enrique VII de Inglaterra; y la figura inquieta de Julio II.

En 1515 han aparecido en escena nuevos personajes: Francisco I de Francia, el papa León X, el príncipe Carlos en los Países Bajos, el cardenal Wolsey como Canciller de Inglaterra. El ejército francés, con la aprobación de Venecia, invadirá en 1515 el norte de Italia; pero al año siguiente se cerrará un tratado contra ellos por parte de León X, Carlos I, Enrique VIII de Inglaterra y el emperador Maximiliano.

Estas figuras y sucesos constituyen el telón de fondo de algunos de los temas discutidos en la primera parte de la *Utopía*. Pero entremezclada con este mundo cortesano y guerrero, y difundida por toda Europa, está la sociedad internacional de los humanistas, integrada por hombres de letras, intelectuales, estudiosos, consejeros de príncipes y de hombres de Estado. Todos tienen un mismo sueño: la renovación del saber y del individuo, aunque no todos coincidan en cómo llevarlo a cabo. Todos hablan y escriben un mismo idioma: el latín.

Máximo exponente de esas ambiciones, portavoz y proa de la empresa, aglutinante de la tropa universal de los humanistas, es Erasmo, cuya crítica contra viejos métodos y rancias y estancadas tradiciones viene ejemplificada en el *Elogio de la Locura*. Esta obra, cuyo título latino es *Moriae Encomium*, nace en Londres, en casa de Moro, y al tiempo de la aparición de la Utopía era ya conocida y leída en toda Europa.

También los problemas y programas de los humanistas serán tema de la primera parte de la *Utopía*; de hecho, en la primera edición completa y corregida por Moro, la de diciembre de 1518 de Basilea (anteriores son las ediciones de Lovaina, 1516; de París, 1517; y la de marzo de 1518 de Basilea), aparecerán contribuciones de humanistas de primera magnitud. Esa edición va precedida de varias cartas y dedicatorias a Moro y a su *Utopía:* del editor Erasmo al impresor J. Froben; de Guillermo Budeo a Tomás Lupset, de Pedro Gilles a Jerónimo Busleiden. Y la cierran una carta de Busleiden a Moro, y dos poemas en elogio de la Utopía: uno de Gerardo de Nimega y otro de Cornelio Schrijver[8].

El estilo literario

Cuando Tomás Moro vuelve a Inglaterra en el otoño de 1515 con el manuscrito de la *Nusquama* (más tarde la *Utopía*), y decide dar forma acabada a la obra, se ve obligado a reconstruir su estructura literaria, para incluir nuevos temas y moldearla con una nueva inspiración. No sabemos a ciencia cierta los ajustes, retoques y añadidos que hubo de hacer para dar unidad al estilo y a la temática. Pero de no haber hecho esas modificaciones la obra carecería de equilibrio en sus elementos y de conexión artística entre las dos partes. No tendría el carácter de diálogo; y el relato descriptivo de la ínsula de Utopía quedaría reducido a una mera exposición de recuerdos de viaje.

Lo que en 1515 prometía ser una historia aleccionadora y fantástica sobre una tierra inexistente —la *Nusquama*—,

---

[8] Todos estos escritos —«parerga»—, que acompañan a algunas ediciones de la *Utopía*, están recogidos en *The Yale Edition of the Complete Works of St. Thomas More,* vol. 4: *Utopia,* editada por E. Surtz y J. H. Hexter (1965); y en ANDRÉ PRÉVOST, *L'Utopie de Thomas More,* París, 1978 (Mame).

se convierte en una temática dialogada sobre la mejor forma de una comunidad política, en la que las opiniones y pareceres son movidos, chispeantes y dramáticos en la primera parte, en expectación del relato descriptivo de la misteriosa isla. La técnica del diálogo como método literario tiene sus motivos y consecuencias. Exige que el autor se coloque en un plano superior, como espectador que no entra en el combate de las ideas. Y le obliga a equilibrar las razones aducidas de una y otra parte, para que la balanza no se incline siempre a favor de uno de los interlocutores. En realidad es el autor quien nos da los pareceres de los personajes, en continua dialéctica.

Los personajes en diálogo están presentes a lo largo de todo el desarrollo de la obra, desde que se encuentran los tres —Pedro Gilles, Rafael Hythlodeo y Tomás Moro—, al salir este último de oír Misa, hasta que dan por concluida la sesión de la tarde en el jardín. Pero, para que no se descompensen las partes, se precisa también que el personaje de ficción (Rafael), que va a enfrentarse en sus opiniones con Gilles y Moro, aparezca con raíces en la realidad histórica. Esto lo logra el autor de manera magistral, pues lo extrae de entre los navegantes de Américo Vespucio; lo presenta ante Moro en Amberes como amigo de Gilles, con el cual conversa; y, para remachar, dentro de la primera parte de la obra, Rafael aparecerá conversando con el cardenal Morton, en cuyo palacio se educó Moro de niño. De forma que este forastero puede llevar el peso de la narración en la segunda parte, e incluso el favor de los argumentos.

Tan de carne y hueso, tan real e histórico resulta Rafael Hythlodeo, que nos da por hecha la existencia de la isla de Utopía y puede contradecir a su interlocutor Moro con estas palabras: —«No me sorprende que opines de ese modo. No tienes la más mínima idea de este asunto; y si la tienes, es falsa. De haber estado conmigo en Utopía y visto

personalmente sus costumbres e instituciones como yo las vi —que residí allá más de cinco años y no quisiera haber dejado ese nuevo mundo si no es para darlo a conocer...». El personaje es real y la lógica es fantástica, pero ayuda a mantener tangiblemente la ficción histórica de la Utopía.

En puntos como este, en que el autor despliega una leve ironía, se muestra ese sobrio tono festivo, tan propio del carácter de Tomás Moro, y del cual está salpicada la obra. Aquel modo de crear realidades históricas manejando personajes de ficción es producto de un fino sentido del humor, que recuerda el argumento de Don Quijote para probar la existencia real de la legendaria dueña Quintañona, «que fue la mejor escanciadora de vino que tuvo la Gran Bretaña. Y esto es tan así, que me acuerdo yo que me decía una mi agüela de parte de mi padre, cuando veía alguna dueña con tocas reverendas: —Aquella, nieto, se parece a la dueña Quintañona. De donde arguyo yo que la debió de conocer ella, o, por lo menos, debió de alcanzar a ver algún retrato suyo»[9].

El recurso del desdoblamiento y de las ambivalencias

Por dondequiera que se examine, la *Utopía* es un fabuloso despliegue de ambivalencias y de ironías. A primera vista la obra se ajusta a estrictas descripciones históricas, enraizadas en la realidad del momento; es densa y rica en su fondo científico, pero está atravesada de cabo a rabo por la ambigüedad de la ironía; y envuelta en reticencias y absurdos. Para crear este ambiente se sirve el autor de diversos procedimientos literarios y gramaticales. Así, por ejemplo, del uso sistemático de la litotes, que es modo de afirmar por

---

[9] *Quijote*, I, 49.

doble negación, o negando lo contrario de lo que se quiere afirmar[10]. O bien el empleo consciente de fórmulas verbales que oscurecen la orientación del pensamiento y duplican contradictoriamente su sentido. Un ejemplo magistral de ello es la consideración con que Moro cierra la obra: «así como no puedo asentir a todo lo que dijo, así también he de confesar de buen grado que en la República de los utopienses hay muchas cosas que desearía ver implantadas en nuestras ciudades, aunque, la verdad, no es de esperar que lo sean».

La imagen que de la isla de Utopía nos da Rafael Hythlodeo está arropada en realidades invisibles, cuando no en humo. Los nombres de sus gentes y geografía son un mentís a la realidad existencial, son negativos o irónicos: Utopos es el rey que da nombre a la isla inexistente. La capital, Amauroto («esfumada a la vista»), está atravesada por el caudaloso río Anydro (río «sin agua»). El gobernador se denomina «Ademus», es decir, «sin pueblo» sobre el que gobernar.

Todo este conjunto de realidades, inexistentes o de ficción, dependen del personaje clave, de Rafael Hythlodeo, testigo y narrador de la isla de Utopía, hombre culto y hablador. Pero, examinado de cerca, Rafael —«medicina de Dios», «Dios que sana»— mal se aviene con Hythlodeo —«hablador a tontas y a locas»— en cuya veracidad se basa toda la obra.

El método del enfrentamiento intelectivo

Ya desde el título mismo de la obra arrancaba la oposición entre un tratado clásico «sobre la mejor forma de gobierno» y la creatividad literaria de la «descripción de la

---

[10] Sobre el uso sistemático de ciertos procedimientos estilísticos, entre ellos la litotes, cfr. ELIZABETH MCCUTCHEON, *More's use of litotes,* «Moreana» n. 31-32 (1971), pp. 107-121.

nueva ínsula de Utopía»; y, como vimos, la disociación pasaba al subtítulo contrastando lo «saludable» con lo «festivo». Esto constituye de por sí un recurso dramático-literario, que se refleja en la estructura de la obra por la oposición de su Parte primera (análisis de los males de la sociedad europea) a la Parte segunda (relato sobre la isla de Utopía).

En el diálogo de la Parte primera se emplea el método del choque descarnado y sin paliativos entre los hechos, patentes en toda su crudeza, y el clamor interior por una justicia vulnerada; es decir, entre situaciones humanamente intolerables y el sentido cristiano que debe reinar en la sociedad. En la Parte segunda (que está ocupada por el relato de la isla maravillosa, dejando poco espacio para el diálogo) se usa un método distinto; el contraste en este caso es irónico, «festivo». Por un lado, la fantasía crea una sociedad de concordia y felicidad de hombres y de pueblos; una situación «saludable» en la que el estado de Utopía representa «la mejor forma de gobierno»[11]. Por otro lado, el entendimiento perplejo del lector se halla solicitado por la ironía, admirando unas gentes, unos lugares y unas costumbres «utópicas», esto es, inexistentes o inexplicables.

Cuando el lector ha leído ya la primera Parte y se interna en el relato de la segunda se ve sometido a un nuevo contraste entre los males de los reinos europeos y la venturosa República de Utopía. Este singular procedimiento reflexivo viene ayudado por un hábil manejo de los procedimientos literarios del diálogo. En el fondo, la descripción de Utopía es una réplica a la descripción de las sociedades de Europa. Al abrir Rafael Hythlodeo ante nuestra mirada el panorama

---

[11] La «mejor forma de gobierno», que como titulación viene de la antigüedad clásica, se corresponde con los tratados medievales o renacentistas anteriores a la *Utopía*: De *regimine principum* (así las obras de Occleve, Egidio Romano, Tomás de Aquino), o *De principe* (Pontano), o *De institutione, statu ac regimine reipublicae* (Patrizi).

aparentemente aleccionador de la República utópica regresamos mentalmente, por contraste, a lo que acaece en la sociedad inglesa, en la corte del rey de Francia o en torno a la mesa del cardenal Morton. Los temas ahí debatidos y no resueltos: hambre, guerras, ociosidad, robos, venalidad de los jueces, desigualdad de los ciudadanos, ignorancia del pueblo, pomposidad de los grandes, rapacidad de los poderosos, maquinaciones de los reyes..., todo eso tiene su tácita y correlativa respuesta. Porque el Estado de Utopía se halla exento de tales calamidades. En la isla reina la paz, no hay abogados, todos reciben educación y alimento, no existe distinción en el vestir, todos los ciudadanos son iguales y felices, nadie anda sin trabajo; no circula el dinero, ya que los bienes son comunes y no existe la propiedad privada; las familias llevan vida estable y patriarcal; las autoridades se eligen democráticamente y velan por el bien común; en fin, los hombres de Utopía son tolerantes y piadosos.

Los problemas personales del autor

El pensamiento y las preocupaciones personales de Tomás Moro flotan dramáticamente por toda la obra. Moro entabla en ella un diálogo consigo mismo.

El hogar de Tomás Moro, que conoció Erasmo en 1509 cuando preparaba el *Elogio de la locura* en Londres, es ahora, en 1515, una casa llena de niños y de alegría (Moro, que se quedó viudo en el verano de 1511, volvió a casarse ese mismo verano). Desde 1510 es *Undersheriff* de Londres y también forma parte de la Comisión de Paz del Condado de Hampshire. Así conoce, por experiencia, los casos de la gente pobre en la ciudad y también los problemas del agro, de los labriegos minifundistas y de los grandes propietarios del campo. Es Moro un abogado de prestigio en la City y buen conocedor de los problemas de los mercaderes de lana y paño, por lo que en el mes de mayo de 1515 aparece como comisionado adjunto a la embajada de Tunstal para tratar en Flandes, entre otros temas, la revisión de los convenios comerciales entre los dos países. Allí aprovechará unas semanas de descanso para componer la *Nusquama*.

Cuando a fines de octubre de 1515 Moro regresa a Londres se encuentra con problemas en el hogar, asuntos atrasados en el bufete, y sin dinero disponible. En carta a Erasmo se desahoga: —«Nuestra misión de embajada tuvo bastante éxito, aunque las negociaciones se alargaron más de lo que yo quisiera y era de esperar... Cuando yo falto de casa tengo que dar alimento a dos familias: una la del hogar, y otra la del extranjero». Pero no es el problema económico lo que preocupa a Moro, sino que Enrique VIII y el cardenal Wolsey, Canciller del reino, quieren atraérselo a su servicio, para que resida en la Corte y abandone su bufete. «A mi vuelta —continúa escribiendo a Erasmo— me señaló el rey una pensión anual que no era ciertamente despreciable, ya se considere con carácter honorífico o bajo el aspecto de ganancia. Pero la he venido rechazando y me parece que seguiré haciéndolo. Porque si la acepto tendría que dejar mi cargo en la City (que prefiero a otro mejor), o retenerlo, cosa a la que me resisto, por suponer una ofensa a los ciudadanos; pues si surge algún conflicto con la Corona en materia de privilegios —lo que sucede con relativa frecuencia— aquellos confiarían menos en mi integridad, por cuanto sería persona ganada por las mercedes reales»[12].

El año 1516 significa para Moro un batallar interior sobre si ceder al cerco de halagos y presiones por parte del canciller Wolsey y del propio rey, o bien seguir su carrera de abogado y jurista, con libertad para dedicarse a los estudios humanísticos. La conveniencia o no de entrar como

---

[12] CFR. Allen, *OPUS EP.*, II, 388.

consejero al servicio de un rey es tema que ocupa la mente de Moro en 1516, cuando compone en Londres la Parte primera de su obra, a la que se ha denominado por esta razón «diálogo del consejo». Para ayudarse en su reflexión el autor de la *Utopía* encarna los argumentos —a favor o en contra— en las razones de sus personajes dramáticos: Rafael y Moro, que ventilan con voces contradictorias su postura ante el problema.

En enero de 1517 escribe Moro al arzobispo Warham, ex-Canciller del reino, excusándose de no haberle dedicado la *Utopía*; y felicitándole por haber encontrado «tiempo muy deseable para vivir con Dios y consigo mismo»[13]. Un año más tarde se encuentra ya al servicio de Enrique VIII, y escribirá a Juan Fisher, el obispo de Rochester: «Con gran repugnancia me he decidido a venir a la Corte, como todo el mundo sabe, y el rey continuamente me lo recuerda con bromas. En ella me encuentro tan incómodo como jinete no avezado a la silla de montar»[14].

Su primer puesto fue el de *Master of Requests*; llegaría al cargo más elevado, el de Canciller del reino. Moriría como mártir por no doblegarse a la voluntad de Enrique VIII en el peliagudo asunto de la pretendida nulidad de su matrimonio con Catalina de Aragón para casarse de nuevo con Ana Bolena[15].

Clave y sentido de la *Utopía*

La lectura de la *Utopía* no deja en el entendimiento un poso lógico de principios sistematizados. Primordialmente

---

[13] *The Correspondence of Sir Thomas More,* editado por E. F. Rogers, Princeton, 1947, p. 86.
[14] *The Correspondence,* p. 111.
[15] Para la vida de Moro, véase: A. VÁZQUEZ DE PRADA, *Sir Tomás Moro,* 8.a ed., Rialp, Madrid, 2010.

provoca una incitante meditación y un cotejo dinámico de ideas. El seguir las razones expuestas en el diálogo se traduce en una resultante de fuerzas intelectuales, a las que acompaña en ocasiones la pasión o la emotividad. Entonces va naciendo un flujo y reflujo de ideas y sentimientos, en cuanto aceptamos o repudiamos las razones de los personajes, según las reconozcamos como salvadoras o las rechacemos por inservibles. Y de ese continuo vaivén intelectual, de ese encenderse el sentimiento de justicia frente a excesos, atropellos, abusos, rutinas y villanías, surge una rebelión o una reflexión interior que reclama con urgencia el correctivo de las situaciones.

Ante los hechos intolerables nos veremos impulsados, casi compelidos, a examinar nuestra conciencia. Solamente la pereza mental o la desgana intelectiva pueden dejar pasar la lectura del libro sin un comentario interior. Este, más o menos conscientemente, fue el objetivo de su autor. Este es el sentido que imprime en el lector la andadura poética del diálogo.

Lo que en un primer momento fue una ensoñación literaria, el mito de una ínsula nueva y prometedora, necesitaba de una mejor estructura. De otro modo, la obra se hubiera quedado en una narración «utópica» y ficticia; y, falta de soporte para estrellarse contra la cruda realidad histórica, se hubiese disuelto en una nebulosa fantasía.

Pero, una vez establecido el germen del mito con el agregado de la Parte primera, la obra se convierte en un grito vigoroso de alarma para la descompuesta sociedad cristiana, en una llamada a la razón contra los desafueros, en una incitación para salvar a la humanidad del hundimiento. Este efecto no hubiese podido lograrlo el autor sin apretar los labios de la herida para que rezumase el pus maloliente y sanguinolento que gangrenaba la sociedad.

Los males que inficionan los reinos y repúblicas cristianas del Renacimiento están, ciertamente, subrayados. En contraste, Tomás Moro no comete el error de presentarnos una sociedad pagana, modelo irreprochable de virtudes personales y cívicas, pues entonces no habría posibilidad de opción mental ni de diálogo.

El Estado de Utopía, ciertamente, no es un paraíso asequible ni siquiera un esbozo teórico de «la mejor forma de gobierno». Porque, ¿quién desearía vivir en una sociedad de renuncias ascéticas, con rígidas costumbres, falto de alicientes personales, sin el placer inofensivo de una cantina, obligado a sentarse día tras día en los bancos de los comedores comunitarios, o en los de las aulas académicas, todo con un horario ajustado, vigilado por todas partes, sin poder desplazarse fuera de la ciudad cuando a uno le viene en gana, vistiendo siempre de la misma tela y color prescrito, y sin el solaz inocuo de los juegos o la caza? Utopía tiene reglamentación conventual, ordenanzas cuarteleras, ambiente puritano y encuadre totalitario. El cerco asfixiante a la libertad personal es el alto precio que debe pagarse allí en aras del orden. A fuerza de ser lógico y razonable aquel Estado insular, ¿desearíamos la ciudadanía «utópica» que tan a rajatabla defiende el exaltado Hythlodeo?

Establecido, pues, un prudente equilibrio entre los males y las perfecciones, el lector que ha seguido atentamente el diálogo de la Utopía se halla colocado en el punto medio del contraste para hacer su examen de conciencia. Y el resultado es este: detestar los males que oprimen nuestra sociedad y apuntar hacia un alto ideal reformador. Es decir, ponernos en camino de salvación por una intensa educación cívica y humana, trabajando en servicio de la justicia y eliminando de nuestras personas la avaricia, el orgullo, la ignorancia y la ambición desmedida.

Los dos espejos de la sociedad

El sentido antitético con que se disponen en la obra los hechos y las ideas es característico del género literario del diálogo, en el que se dan diversidad de opiniones y puntos de vista. Pero en el caso de la *Utopía* hay una divergencia total de opinión sobre el remedio que ha de aplicarse a los males sociales. Rafael Hythlodeo, testarudo e intransigente, no se aviene a aceptar una «vía media» propuesta por su interlocutor[16]. Rafael, al exponer su visión de los males de la sociedad europea y las virtudes de la comunidad de Utopía, nos presenta como en dos espejos el rostro de dos civilizaciones. Una de ellas con la cara picada por el vicio y afeada por el pecado y los excesos. Y en el otro espejo, como por magia, la tersura de una vida virtuosa, producto de la serenidad ascética y de la conducta disciplinada. Todas las cuestiones que se plantean en la Parte primera del diálogo tienen su contrapartida en la Parte segunda.

Tomemos, por ejemplo, la cuestión agraria, tal como se desarrolla en sus dos aspectos: el histórico y el utópico.

El campo atravesaba en la Inglaterra del 1500 una honda crisis, que Moro conocía bien por su profesión de abogado y por haber intervenido en los problemas de la exportación y comercio de la lana con los Países Bajos. Los altos precios alcanzados por la lana inglesa hicieron que

---

[16] Moro muestra a Hythlodeo como un visionario, persona intolerante, que hace honor a su nombre de «charlatán» (en griego). La exposición de argumentos en el diálogo, por parte de los otros dos personajes —Moro y Pedro Gilles—, no es fácil, porque es Hythlodeo el que lleva el peso de la conversación, como se nos dirá en la última página de la *Utopía:* —«Sabiendo que (Hythlodeo) se encontraba cansado de tanto hablar, y no estando yo muy seguro tampoco de que se mostrara dispuesto a que se le llevase la contraria (...) hice un elogio de las instituciones de esas gentes y de su relato. Cogiéndole de la mano lo llevé al comedor, no sin antes decirle que ya tendríamos ocasión de meditar más a fondo sobre esos temas».

los rebaños de ovejas —según describe inspiradamente en inolvidable imagen— cambiasen de naturaleza: las mansas ovejas «se están volviendo tan voraces y bravías que devoran hasta a los mismos hombres, y devastan y despueblan campos, casas y villas». (*infra*, p. 72).

Los nobles y grandes propietarios destruyen las tierras labrantías para dedicarlas a pastos. Cercan los terrenos comunales, derriban granjas, talan bosques y hacen yermos de las tierras de sembradura. La codicia les lleva a desalojar a los labradores usando de fraudes y violencia. Por los caminos puede verse a multitud de familias con una reata de chiquillos, vagando en busca de lugar donde establecerse. Pasan hambre y tienen que robar o mendigar; de manera que por vagabundos se les mete en la cárcel, por ladrones se les ahorca, y si son honrados perecen miserablemente de hambre.

Por otra parte se produce el desbarajuste económico. Los precios se disparan (lo que hoy conocemos como inflación), porque los ricos propietarios especulan con sus productos, acaparan las mercancías y monopolizan el mercado imponiendo sus intereses y su avaricia sin ley que se lo impida.

En cambio, en Utopía el agro está distribuido de forma que las granjas tienen siempre un número determinado de personas para las labores agrícolas y ganaderas. Las casas de campo están provistas del utillaje necesario, y cada treinta de ellas regidas por un filarca, que vela por la producción y cuida de las comunidades agrícolas, sin que los labradores y ganaderos sean gente esclavizada a la tierra. La obligatoriedad de prestar el servicio agrícola alcanza a toda la población, dándose un continuo relevo de la mano de obra entre el campo y la ciudad, salvo que alguien prefiera dedicarse a esas labores.

Cultivan los utopienses todo lo necesario para proveer a las ciudades o distribuir entre las poblaciones vecinas en caso de necesidad. Y si algo necesitan en las granjas lo obtienen de las ciudades, sin tener que dar nada a cambio. También se desplazan de las ciudades al campo los brazos necesarios para las faenas de la recolección al tiempo de la cosecha.

Detrás de las costumbres y modo de vida de los uto-pienses se adivina una organización política y unas instituciones singulares. En efecto, en la República de Utopía existe la comunidad de bienes, se ha abolido la propiedad privada, no circula el dinero y se da la socialización controlada del mercado. Nadie pasa hambre, pues si tiene necesidad de algo basta con que exponga su caso a las autoridades; los productos de consumo se distribuyen equitativamente entre toda la población, sea del campo o de las ciudades. Y como el trabajo es obligatorio, nadie anda ocioso, todos tienen un oficio. Y ya que no existe la propiedad privada ni el dinero para adquirir o acumular bienes, nadie siente codicia por acapararlos ni miedo de carecer de ellos, ni tampoco el temor de que les falte algo en la enfermedad o en la vejez.

Una República comunitaria

Han estado conversando Moro y Pedro Gilles con Rafael Hythlodeo toda la mañana; ha expuesto este último las razones por las que no quiere embarcarse como consejero de reyes o príncipes, ya que todo consejo o reforma que sugiriese sería inútil, mientras exista la propiedad privada.

Hythlodeo: —«De todas maneras, mi querido Moro, si he de decirte con sinceridad lo que tengo en mi conciencia, me parece que dondequiera que exista la propiedad privada, allá donde todo el mundo mida todo por el dinero, resultará poco menos que imposible que el Estado funcione con justicia y propiedad.

(...) Estoy firmemente convencido de que será imposible una distribución justa y equitativa de los bienes y una satisfactoria organización de los asuntos humanos si no se suprime totalmente la propiedad privada. Mientras esta continúe, continuará también pesando sobre la mayor y más selecta porción de la humanidad una carga agobiante e intolerable de pobreza y preocupaciones.»

Moro: —«Pues yo pienso todo lo contrario. Jamás será posible el bienestar allá donde todos los bienes sean comunes. ¿Cómo se va a conseguir que haya abundancia de bienes si todo el mundo se sustrae del trabajo? No sintiéndose urgidos por necesidades personales, los hombres se volverán perezosos, confiando en la laboriosidad del prójimo. Y al verse hostigados por la pobreza, y sin ley que proteja el derecho a los bienes que se han adquirido, ¿no se debatirán irremediablemente en perpetuas matanzas y revueltas?» (*infra,* pp. 100-102).

Utopía es un país pagano, cuyas instituciones y costumbres arrancan de viejas civilizaciones: persa y egipcia, griega y romana, a través de un largo período de reformas que ha hecho de la isla «la mejor de las Repúblicas», según Hythlodeo. Su sistema político es una democracia pura; su religión se basa en dogmas fundamentales de Derecho Natural, bajo los que conviven diferentes sectas; su sistema familiar es el patriarcado; y la educación, el trabajo y la asistencia social están organizados igualitariamente.

Utopía no es un modelo puro o ideal; en su vivir según la ley y razón natural no hay total coherencia, hay sombras y contrastes. Se diferencia de otros Estados, entre otras cosas, en que es una República «comunitaria» o «comunista». No existe en la isla la propiedad privada, los medios de producción pertenecen al Estado, todos los ciudadanos tienen acceso a la cultura y voz y voto en la elección de magistrados y gobernantes. Todos viven felices. Pero, examinada atentamente, Utopía presenta muchos contrastes y también instituciones o situaciones no compaginables.

La objeción de Moro de que «jamás será posible el bienestar allá donde todos los bienes sean comunes» es seria, pero Hythlodeo no la tiene en cuenta. Los utopienses no aspiran a una sociedad de consumo ni a una «affluent society». Desde el punto de vista económico, los productos obtenidos del trabajo, obligatorio y regulado, tienden a cubrir, con ligero excedente, las necesidades comunitarias. Pero, al no existir el dinero, tampoco hay posibilidad de ahorro; ni se acumulan privadamente los bienes; los medios de producción colectiva son exiguos; el mercado y la industria resultan rudimentarios; apenas se dan profesiones especializadas y altos funcionarios (en Utopía solamente hay labradores, ganaderos y artesanos en cinco especialidades). De manera que la sociedad de Utopía, sin estar atrasada y sufrir escaseces, es una sociedad rudimentaria y mediocre, sin emulación profesional ni planes de desarrollo en la producción. Utopía es lo contrario de un Estado próspero en desarrollo económico, pues la nota característica de sus ciudadanos es la sobriedad y el desprecio del lujo. Su vestido es pobre y burdo; sus comidas, en refectorios comunes; sus habitaciones y casas, programadas; los caprichos, eliminados; las excentricidades, mal vistas; las diversiones y entretenimientos, reducidos.

También es importante la objeción de que no podrá existir seguridad y orden sino matanzas y revueltas. Sin embargo, el buen sistema educativo de que disfrutan todos los ciudadanos, el ejemplo dado por los mayores en la vida familiar y social, y el control democrático de las instituciones políticas, constituyen los sólidos principios racionales que fundamentan la convivencia pacífica de los utopienses.

La República de Utopía es como un Estado totalitario, pero en el que los valores espirituales y materiales se desarrollan en un sistema de libertad y tolerancia, que encamina toda actividad hacia el servicio comunitario. Las ciudades y pueblos de la isla forman una gran confederación. En tiempo de guerra se unen contra el enemigo común; y en tiempo de necesidad se socorren gratuita y voluntariamente, de forma que toda la isla constituye como una única familia: «*ita tota insula velut una familia est*».

Hablando de la Religión contaba Hythlodeo que, al predicar el cristianismo a los utopienses, aquellos paganos, al oír las enseñanzas y milagros de Cristo y la constancia de los mártires, se mostraron fácilmente dispuestos a bautizarse aceptando la religión cristiana, «ya fuese por misteriosa inspiración divina o por considerarla muy afín a la creencia allí predominante. En todo caso, estoy convencido de que debió influir no poco en ello el que oyeran decir cuánto agradaba a Cristo la vida en común de sus discípulos, y que esta se practicaba todavía entre las más íntegras comunidades de cristianos» (*infra*, p. 181).

La alusión a lo que nos dicen los *Hechos de los Apóstoles*[17], sobre la comunidad de vida y de bienes de los primeros cristianos, es explícita; pero, al igual que la «República» de Platón, sin influjo directo sobre la Utopía. El «comunismo»

---

[17] «Todos los creyentes estaban unidos y tenían todas las cosas en común. Vendían las posesiones y los bienes y los repartían entre todos, según la necesidad de cada uno» (*Hechos* 2, 44-45). «La multitud de los creyentes tenía un solo corazón y una sola alma, y nadie consideraba como suyo lo que poseía, sino que tenían todas sus cosas en común» (Hechos 4, 32).

No se trataba de una total comunidad de bienes, puesto que el desprendimiento de ellos era voluntario, una muestra de la unidad sobrenatural, de la caridad para con quienes no poseen bienes. Por otra parte, la comunidad de bienes de los primeros cristianos no altera el régimen de la sociedad judía o pagana en la que vivían, ni constituía un régimen estable basado en la eliminación de la propiedad privada, sino que la suponía.

que practican y viven todos los utopienses es peculiar y original en la historia del pensamiento político. Ese comunismo ni tiene modelos ni parecidos con las teorías platónicas ni con las marxistas.

En el «comunismo» utópico se han visto nostalgias de una Edad de Oro, en que no existiría «lo mío» ni «lo tuyo», porque todas las cosas eran comunes. Se ha querido ver un ensayo de sociedad humana antes del pecado original. Hasta se ha pretendido hallar en la obra una visión comunista o socialista del Estado, forzando los textos y relegando al silencio muchas afirmaciones fundamentales del libro y de las demás obras de Moro[18].

Las interpretaciones

La interpretación de la *Utopía* no presentó dificultades entre el público al que iba dirigida, especialmente dentro del círculo moreano. Ni Budeo, ni Busleiden, ni Gilles, ni Erasmo, Colet o Morton se interrogaron por el secreto sentido del libro. La razón era que, estando al tanto de las corrientes

---

[18] Sobre la interpretación del Moro «socialista», cfr. KARL KAUTSKY, *Thomas More und seine Utopie*, Stuttgart, 1890. Marx y Engels estudiaron la *Utopía* en busca de precedentes histórico-doctrinales; cfr. F. ENGELS, *Die Entwicklung des Socialismus von der Utopie zur Wissenschaft*, Berlín, 1981; y A. DIETZEL, *Beiträge zur Geschichte des Socialismus und Kommunismus, Morus Utopien und Campanellas Sonnenstaat*, «Vierteljahrschrift für Staats und Volkswirtschaft», 5, 1987, pp. 217 y ss., 372 y ss. Una crítica de esta teoría en H. W. DONNER, *On the Utopia of St. Thomas More*, «Studier i Modern Sprakvenskap» (Nyfilologiska Sällskapet), I, Estocolmo, XV, Upsala, 1943, p. 95; e IGOR N. OSSINOVSKY, *Thomas More in Moscow, Thomas More's Utopia in Russia*, «Moreana» 19, p. 131; 22, p. 33; y 25, p. 67. Una curiosa anécdota en «Moreana» 97, pp. 77-80.

Los historiadores marxistas chinos describen a Moro como «un pensador progresista..., testigo de la desigualdad social y de la opresión del pueblo proletario, y crítico acerbo del capitalismo» (en la *Concisa Historial mundial* de la Universidad de Peking, 1978); pero señalan que algunas instituciones de la Utopía, tales como la esclavitud, constituyen «elementos retrógrados» (cfr. «Moreana» 69, p. 109).

intelectuales del momento, y de la orientación que había tomado el humanismo cristiano, que se movía alrededor de Erasmo y se inspiraba en sus escritos, todos participaban a grandes rasgos de las mismas ideas críticas. En el fondo y en la forma, la *Utopía* era una denuncia de los males que consumían a la sociedad. Erasmo, excelente conocedor de la mente e intenciones de Moro, nos dice que «la finalidad de la *Utopía* fue mostrar de dónde brotan los males de los Estados, tomando como modelo la Constitución británica»[19].

A aquellos humanistas les movía el entusiasmo por llevar a cabo una auténtica renovación de la cristiandad, volviendo a una interpretación auténtica y no rutinaria del espíritu evangélico, a una eliminación de los abusos civiles y eclesiásticos.

Budeo, el humanista francés, al que impresionó vivamente la lectura del libro, se despedía de Tomás Lupset diciéndole que transmitiese a Moro «el tributo de su más profundo afecto y veneración a causa de Utopía, su isla del nuevo mundo. Ese relato será, para nuestra edad y las venideras, el semillero del que cada uno podrá trasplantar y acomodar a su propia ciudad las costumbres más convenientes»[20]. Y Beatus Rhenanus, escribiendo a Pirckheimer, consejero del emperador Maximiliano, elogiaba la *Utopía* «que contiene principios de tal categoría que no será posible hallarlos ni en Platón, ni en Aristóteles ni siquiera en las Pandectas de Justiniano. Sus lecciones quizás sean menos filosóficas que las de aquellos, pero ciertamente son más cristianas»[21].

---

[19] Cfr. *Carta* a Ulrico von Hutten, Amberes 23-VII-1519, en ALLEN, IV, 999.

[20] Cfr. *Carta* de Budeo a Lupset, París, 31-VII-1517, en *Utopía* (Yale), p. 14, y *L'Utopie* (Prévost), p. 328.

[21] Cfr. *Carta* de Beatus Rhenanus a Pirckheimer, Basilea, 23-11-1518, en *Utopia* (Yale), p. 253.

Pasado un corto espacio de tiempo, todo Europa hierve en reformas violentas y en luchas sociales y teológicas; el núcleo primitivo de la corriente erasmiana se ha derramado en un amplio delta de intenciones. Entonces cobrará la *Utopía* sentidos diferentes conforme a las inclinaciones o ideologías de sus lectores y por referencia a situaciones históricas que no existían por los años 1515-1516.

La *Utopía*, con su modesta apariencia, engañosamente concisa y de silenciada erudición, es en realidad un libro denso. Detrás de cada frase hay una referencia histórica o erudita; al amparo de cada afirmación o negación apunta la controversia de opiniones. En fin, flotando por todo el libro hay una suprema ironía enfundada en absurdos, paradojas y doble sentido de las palabras.

Al margen de su originalidad y valor artístico, la *Utopía* es una reflexión sobre la constitución de un Estado ideal y sobre las instituciones y costumbres de los ciudadanos. En esa obra se apuntan las posibles reformas que deben introducirse en las naciones cristianas[22]. Es un libro de meditación política para los príncipes, magnates y educadores cívicos. Es, en fin, instrumento de reflexión, y método muy peculiar, para la busca de un mundo mejor[23].

La *Utopía* tiene una temática filosófica que desaparece, hábilmente oculta, bajo el brillante disfraz de la forma

---

[22] «La comunidad de posesiones y bienes que se nos presenta en el relato descriptivo de la *Utopía* no es la culminación de una consideración abstracta de la justicia: sino que es el ingrediente de un remedio que, si se aplica, arrancaría de raíz —según Moro— los males sociales de su época. El punto de partida de Moro no es una búsqueda de lo que sería idealmente justo en el mundo sino un método eficaz de trabajo para exponer lo que realmente tenía de malo» (cfr. J. H. Hexter, *More's Utopia*, p. 65).

[23] La *Utopía*, escribe Prévost, «es esencialmente un órgano de descubrimiento... El fin esencial de la obra de Moro es purgar (*catharsis*) el espíritu humano de la tentación de "utopismo", la huida ante la realidad. En ese sentido no hay obra más "anti-utopista" que la Utopía de Moro» (*L'Utopie*, pp. 145 y 146).

literaria y del humor, aunque no pasa inadvertido para el estudioso el rico entramado de erudición que soporta cada una de sus páginas. Si a ello se añade lo mucho que tiene de creación poética, no es de extrañar que la obra se preste a innumerables interpretaciones.

La Utopía y el Nuevo Mundo

El influjo de la *Utopía* entre los humanistas es casi inmediato a su publicación. Así, por ejemplo, oímos el eco moreano en algunas páginas de Luis Vives, cuando dice que «todas las cosas creadas por Dios han sido puestas en este gran receptáculo que es el mundo, sin cerco de puertas ni murallas, para que las aprovechasen en común todos los seres a quienes dio vida»[24]. Pero cuando esto escribía Vives, las fuerzas disruptoras del luteranismo obligaron a muchos humanistas a recoger las velas tan airosamente desplegadas en años anteriores. Fraccionado el cuadro de la unidad europea, la fortuna de la *Utopía* es varia: y en muchas ocasiones sus lecciones serán erróneamente interpretadas tanto por católicos como por protestantes, cuando no utilizadas en su radicalismo por autores revolucionarios[25].

---

[24] *De subventione pauperum* (1526), I, 9.

[25] En el prólogo a la traducción castellana de Medinilla y Porres (*La Utopía de Tomás Moro, gran canciller de Inglaterra*, Córdoba 1636-1637), escribe Quevedo: «No han faltado lectores de buen seso que han leído con ceño algunas proposiciones de este libro, juzgando que su libertad no pisaba segura los umbrales de la Religión; siendo así que ningunas son más vasallas de la Iglesia Católica que aquellas, entendida su mente». La queja de Quevedo tal vez vaya contra la falta de criterio de los censores.

De fray Juan de Zumárraga, primer obispo de México, se conserva un ejemplar anotado de su puño y letra en la Biblioteca de la Universidad de Texas. Es una edición de Basilea 1518, y tiene dos censuras escritas, una del 18 de julio 1587 y otra de 1634. Alguien, con tinta y en fecha posterior, aclara: 17 de agosto de 1740, *quamquam suspectus non tamen damnatus*.

Cuando comenzaba a leerse la *Utopía* en Europa, el Nuevo Mundo recién descubierto estaba en período de conquista y evangelización. Como comentario a su lectura, Juan Desmarais (Paludanus) escribía a Pedro Gilles desde Lo vaina: «Quiera Dios que así también nosotros adquiramos de ellos sus principios de gobierno. Quizás sea fácil el que así suceda si unos cuantos insignes e invencibles teólogos se desplazan a esa isla, para promover la fe de Cristo, que ya empieza a brotar allí»[26].

Los problemas que surgieron con motivo de la evangelización de las tierras nuevamente descubiertas fueron muy diferentes. Los abusos impedían la labor misional. Acababa de aparecer la *Utopía* cuando la controversia entre los religiosos y algunos colonizadores estaba en plena ebullición. Fray Bartolomé de Las Casas, espíritu ardiente y batallador, tras un primer momento de abierta oposición al sistema de encomiendas en un memorial escrito en 1516, llega a la conclusión de que «los indios no son hábiles para vivir entre sí», y solicita de la Corona de Castilla que convivan «en pueblos libres de todo repartimiento en encomienda». Trata así de salvaguardar la libertad del indio en su coexistencia con el colonizador europeo[27].

Este plan imaginado por Las Casas constituye la base del memorial que hizo al año siguiente, leído en el Consejo de Indias el 11 de diciembre de 1517. Lo notable del caso es que entre uno y otro proyecto se dan algunos retoques, y que esos ligeros cambios introducidos sugieren

---

[26] Cfr. Carta de J. Desmarais a Pedro Egidio, Lovaina 1-XII-1516, en *Utopía* (Yale), pp. 26-28.

[27] Cfr. MARCEL BATAILLON, *Le Clérigo Casas*, en *Études sur Bartolomé de las Casas*, Centre de Recherches de l'Institut d'Études Hispaniques, París, 1965, p. 46; y M. GIMÉNEZ FERNÁNDEZ, *Las Casas (Bartolomé de)*, en *Gran Enciclopedia Rialp* (GER), tomo 14, p. 23 y ss. (con la bibliografía allí indicada).

una posible influencia de la *Utopía* de Moro (edición de Lovaina de 1516).

En el relato de Utopía, al describir las relaciones sociales y los movimientos de la población, cuenta Hythlodeo que, cuando esta crece como para tener que emigrar, los utopienses lo remedian yéndose a otro continente, «fundando una colonia bajo sus propias leyes e integrándose con la población indígena, si estos acceden a vivir junto con ellos en ese territorio. Si consienten en tal vinculación, fácilmente llegan a fundirse en un mismo régimen de vida y costumbres, beneficioso para ambos» (*infra*, p. 124).

El 11 de diciembre de 1517, fray Reginaldo Montesinos, a título de «fraile procurador de los indios», leyó ante el Consejo de Indias el memorial de 1517, en el que se solicitaba que para colonizar las islas despobladas de las Antillas pasasen al Nuevo Mundo familias de labradores españoles y que la asociación con los nativos se hiciera sobre la base de una familia de españoles con cinco de indios. Con este sistema se evitarían las encomiendas de indios en manos de aventureros y se crearía, en cambio, un sistema de asociación de tipo familiar en que las familias de labradores españoles iniciarían en la vida cristiana a las familias indias.

La meticulosidad en la referencia al número de familias agrícolas, la combinación del régimen familiar de labradores cristianos con los indios y la existencia de un «padre de familia» al frente de la agrupación, nos encaminan con notable certeza a la «familia rústica» moreana. Por las circunstancias y forma en que sobreviene el cambio de ideas y terminología, desconocida por Las Casas hasta que volvió a España en 1517, todo parece indicar que fue con ocasión de la lectura de la Utopía de 1516 cuando introdujo en el memorial ideas y lenguaje de «precisión utopiana»[28].

---

[28] Acerca del posible influjo de la *Utopía* de Moro, que acababa de aparecer, sobre la evolución intelectual de Las Casas: MARCEL BATAILLON, *Le Clérigo*

Los hospitales-pueblos de la Nueva España

A poco de ser conquistado México por los españoles, Vasco de Quiroga, laico versado en estudios teológicos y letrado con vocación misionera, pasa a desempeñar funciones judiciales como Oidor en la Segunda Audiencia de México[29].

Con fecha de 14 agosto 1531, escribe al Consejo de Indias presentando un repertorio de reformas que pretende implantar *ex novo*[30]. Su proyecto consistía en reducir a los indios en poblados propios con el fin de evangelizarlos. La creencia de Vasco de Quiroga en la bondad natural del indio está transida de un optimismo de espiritualidad platónica con veta erasmiana, pues se propone «plantar un género de cristianos a las derechas, como primitiva iglesia».

Como el plan no tuvo inmediata respuesta del Consejo de Indias, pasó Quiroga de los dichos a los hechos. Compró unas tierras a dos leguas de la capital, México, y fundó a sus expensas un hospital-pueblo, que bautizó con el nombre de Santa Fe. Y en 1533, en que se le envió como visitador a Michoacán, establece allí otro nuevo hospital-pueblo[31].

Casas, p. 47; y *Plus Oultre*, en *Études sur Bartolomé de las Casas...*, p. 99. También: PIERRE MESNARD, *Bartolomé de Las Casas (1474-1566)*, en «Moreana» n. 15 (1967), p. 411.

[29] Cfr. A. BASAVE, *Quiroga (Vasco de)*, en GER, tomo 19, p. 572-573. El historiador Silvio Zavala se ha ocupado exhaustivamente de sacar a la luz los escritos y realizaciones de Vasco de Quiroga bajo el influjo directo de la *Utopía* de Moro: *La Utopía de Tomás Moro en la Nueva España*, Memoria de El Colegio Nacional, México, 1950; *Sir Thomas More in New Spain*, The Hispanic & Luso-Brazilian Councils, Cambridge, 1955; *Nuevas notas en torno de Vasco de Quiroga*, en *Mélanges á la Mémoire de Jean Sarrailh*, Centre de Recher- ches..., París, 1966; etc. Esos trabajos, entre otros, se hallan recogidos en: *Recuerdo de Vasco de Quiroga*, México, 1965 (Porrúa), pp. 11-40, 101-116 y 119-136.

[30] En *Colección de Documentos Inéditos del Archivo de Indias*, XIII, 420 y ss.

[31] De ello da gozoso testimonio fray Juan de Zumárraga, obispo de México y gran amigo suyo, en carta al Consejo de Indias, congratulándose, con fecha 8 de febrero de 1537, del nombramiento posterior del licenciado Quiroga para obispo de Michoacán, añadiendo que «siendo oidor, gasta cuanto S. M. le

Las ideas de Vasco de Quiroga vienen clara y repetidamente expuestas en la *Información en Derecho* que envía a España en 1535 y en las *Ordenanzas* que compuso para el regimiento de los pueblos indios[32]. Sus ideas son doblemente moreanas y «utópicas»; y considera al autor de la *Utopía* como divinamente inspirado para legar a América el dechado de una organización que acoja la sencillez de vida y costumbres de los indígenas. Considera Vasco de Quiroga que lo dispuesto en la *Utopía* no solo es providencial sino que viene como anillo al dedo para los naturales del Nuevo Mundo, por lo que nos dice que de ese libro, «como de dechado, se sacó el de mi parecer».

Al final de su *Información* suplica se lea el razonamiento y notas tomadas de la *Utopía* de «Tomás Morus, autor de aqueste muy buen estado de república, en este preámbulo, trato y razonamiento que sobre ella hizo como a manera de diálogo, donde su intención parece que haya sido proponer, alegar, fundar y probar por razones las causas por que sentía por muy fácil, útil, probable y necesaria la tal república entre una gente tal que fuese de la cualidad de aquesta natural de este Nuevo Mundo, que en hecho de verdad es casi en todo y por todo como él allí sin haberlo visto lo pone, pinta y describe, en tanta manera, que me hace muchas veces admirar, porque me parece que fue como por revelación de Espíritu Santo para la orden que convendría y sería necesario que se diese en esta Nueva España y Nuevo Mundo»[33].

---

manda dar de salario a no tener un real y vender sus vestidos para proveer a las congregaciones cristianas que tiene en dos hospitales: el uno cabe en esta ciudad y el otro en Machuacán» (cfr. *Recuerdo de Vasco de Quiroga*, p. 37).

[32] El original de la *Información en Derecho* es el manuscrito n. 7369 de la Biblioteca Nacional de Madrid, recogido en la *Colección de Docs. Inéd. del Arch. de Indias*, pp. 333-513; y en la compilación de R. Aguayo Spencer: *Don Vasco de Quiroga, Documentos*, México, 1940 (Polis).

[33] Cfr. *Docs. Inéd. del Arch. de Indias*, pp. 493 y 511.

Las *Ordenanzas* por las que se regían los hospitales-pueblos de Vasco de Quiroga están adaptadas al régimen patriarcal y agrícola de la *Utopía*. Su meollo radica en la comunidad de bienes y vida, basada en la dignificación del trabajo manual, en la caridad cristiana y en la atención a las necesidades tanto materiales como del espíritu[34]. La tierra y los bienes comunales pertenecen al pueblo y no pueden enajenarse, pero los utilizados por las familias están en usufructo. La recolección y la sementera son labores comunales. Los productos y frutos del trabajo se distribuyen entre toda la comunidad, según las necesidades de cada uno. La autoridad se reparte jerárquicamente entre el rector del pueblo, los regidores y los jefes de grupos o familias, siendo escogidos democráticamente por los indios, con excepción del rector.

Junto a estos rasgos, que definen una comunidad basada en cierto igualitarismo y eliminación de la propiedad privada, hay cuantiosos detalles, mínimos y significativos, trasladados de la *Utopía* a las *Ordenanzas*. Entre ellos se cuentan, por ejemplo, la existencia de huertos particulares en cada casa, la rotación entre la población agraria y la de oficios técnicos, la jornada de seis horas diarias de trabajo, la sencillez en la indumentaria, las funciones del padre de cada familia o grupo, el turno al preparar la comida en los refectorios comunes, etcétera[35].

Hasta el siglo XIX siguieron funcionando satisfactoriamente esos pueblos-hospitales, y todavía recordaban en este siglo los indios comarcanos al que fue Oidor de México y Obispo de Michoacán.

---

[34] Un cotejo entre la *Utopía* y las *Ordenanzas* de Vasco de Quiroga en *Recuerdo de Vasco de Quiroga*, pp. 16-26.

[35] Otro libro interesante sobre la vida y fundaciones de Quiroga: *Vasco de Quiroga and his Pueblo-Hospitales de Santa Fe,* Academy of American Franciscan History, Washington D. C., 1963.

En 1534 y 1535 en que Vasco de Quiroga fundaba sus pueblos copiando elementos de la organización de la república de Utopía, Moro estaba prisionero en la Torre de Londres. Qué no hubiera dado por saber que se llevaban a cabo realizaciones cristianas inspiradas en su sueño de un mundo utópico.

La dignidad del trabajo humano

El influjo invisible de la *Utopía*, a través de la mente de gobernantes y legisladores, debió ser grande y difícil de valorar en cuanto a las medidas y reformas prácticas. Este es el caso de Solórzano Pereira, eminente jurista español que sale para América como Oidor de la Real Audiencia de Lima en 1609[36]. En 1616 es designado «gobernador, justicia mayor y juez visitador de las minas y funcionarios de la Caja real». Solórzano, confrontando las condiciones de trabajo de los utopienses con las de los mineros indios, implanta algunas de las ideas tomadas de la *Utopía*: renovación de los turnos en las prestaciones laborales, fijación de nuevos horarios, supervisión y atenciones para con los mineros, y la aplicación de la pena de trabajos forzosos en las minas para los graves delincuentes[37].

---

[36] Sobre la vida de Solórzano: cfr. F. JAVIER DE AYALA, *Ideas Políticas de Juan de Solórzano*, Sevilla, 1946 (Escuela de Estudios Hispanoamericanos); JOSÉ TORRE REVELLO, *Ensayo biográfico sobre Juan de Solórzano Pereira*, Buenos Aires, 1929 (Inst. de Investigaciones Históricas); J. MALAGÓN y J. M. OTS CAPDEQUÍ, *Solórzano y la Política Indiana*, México, 1965 (Fondo Cultura Económica).

[37] Al año siguiente de su nombramiento como «Juez visitador de las minas», el virrey marqués de Esquilache le encarga la difícil misión de visitador y gobernador de las minas de azogue de Huancavelica, donde pasó casi dos años; cuando se despidió el 15 de diciembre de 1618 «dejaba todo remediado» (cfr. G. LOHMANN VILLENA, *Las minas de Huancavelica en los siglos XVI y XVII*, Sevilla, 1949; sobre la visita de Solórzano, pp. 245-268).

Su labor como recopilador de las Leyes de Indias y las medidas prácticas que tomó en la explotación de los yacimientos mineros le hicieron ya famoso antes de regresar a España en 1627, siendo nombrado Fiscal del Consejo de Indias y del de Castilla[38].

En Utopía, la sociedad modelo, la jornada de trabajo es de seis horas. El resto del tiempo se dedicaba al descanso, a las comidas, a la diversión y a las cosas del espíritu. El trabajo en Utopía no tiene una orientación materialista: ni se produce con demasiada abundancia ni se produce nada superfluo. Como toda la isla compone una sola familia, se trabaja para los viejos y los enfermos; y se reparten los bienes con los necesitados de otras regiones e incluso de otros países.

La abolición del dinero en Utopía es clave que preside la concepción de la república utópica. El dinero es «la medida de todas las cosas»; «el dinero es el patrón al que todas las cosas se refieren y por el que todas se miden»[39]. Con dinero se retribuyen los servicios del trabajador y el producto de su trabajo. De la inexistencia del dinero deriva toda una reata

---

Uno de los grandes problemas laborales con que se enfrentó fue la reglamentación del servicio personal forzoso denominado «mita», por el que los indios, por tandas o remudas, venían a trabajar en las minas. En Huancavelica escribió en su ratos de ocio en latín, preparando ya la obra *De Indiarum iure et Gubernatione* (Madrid, 1629-1639). De la hondura de sus reformas en cuanto al trato de los trabajadores indios nos da idea el que, antes de terminarse de imprimir esa obra, fue objeto de recelosa atención de la Corona, que por Real Decreto de 28-IX-1637 indicaba al Consejo de Indias que «el doctor Solórzano estaba imprimiendo un libro en que se exageraba el tratamiento que los españoles daban a los indios» (cfr. J. Torre Revello, pp. XXIV y ss.; Juan de Solórzano y Pereira, *Política Indiana*, Estudio preliminar por M. A. Ochoa Brun, Madrid 1972, 5 vols., p. XXX, Ibero-Americana de Publicaciones).

[38] Cuando al final de su vida publica los *Emblemas* (*Emblemata regio política in centuriam unam...*, in Typographia Domin. Garciae Morras, Matriti, 1653), vierte en ellos su erudición y su cultura; y, por el cariño que muestra en sus comentarios y las innumerables citas de la *Utopía* y de los *Epigramas* de Moro, así como de la biografía de Stapleton, muestra claramente su devoción por el mártir y el humanista.

[39] Aristóteles, *Ética a Nicómaco*, 5,5,10; 1133a y 9,1,2; 1164a.

41

de argumentos. A saber: que en el dinero está la raíz de todos los males, pues lleva a la propiedad privada, a la acumulación de otros bienes y riqueza y, de ahí, a la satisfacción de vicios y a la guerra.

Extirpado el dinero —nos dirá Rafael—, extirpada la ambición y los crímenes. Esta visión odiosa del dinero se extiende en Utopía incluso al desprecio del metal que se usa para acuñar moneda. El oro es cosa vil, que se emplea solamente para hacer cadenas de presos o fabricar orinales; y, fuera de Utopía, para pagar a los mercenarios extranjeros en caso de guerra.

Pero, en esta concepción del dinero, y de la propiedad privada, está el gran fallo de la argumentación; porque, si se le hace fuente de todo vicio, se están transfiriendo sus funciones económicas a la esfera ética; se están midiendo los males por las riquezas y haciendo al dinero patrón de la esfera moral. Esto nos llevaría al determinismo económico, a una concepción pesimista de la historia, como si los hombres se viesen imposibilitados de hacer el bien a causa del dinero, como si los sinónimos de rico y pobre fuesen bueno y malo.

La intransigencia y radicalismo de Hythlodeo le empujan sin remedio a condenar las injusticias de lo que denomina «conspiración de los ricos», que se hacen con el poder estatal y dictan las leyes con que defraudar al trabajador y privarle de su justo salario. De ahí al análisis marxista de la historia, falso y deformador, no hay más que un paso. La incriminación de Hythlodeo al final de la obra es, aposta, un tanto aspera y cortante.

Refiriéndose a Utopía dice Hythlodeo que «no existen allá ni pobres ni mendigos: aun no poseyendo nada, todos son ricos». Mientras que en nuestras viejas sociedades, los obreros: «el jornalero, el carretero, el artesano y el labrador, que realizan trabajos tan duros y continuos que ni las bestias de carga lo soportarían, y trabajos tan indispensables que sin ellos no duraría un solo año el Estado, estos perciben un mezquino sustento y llevan una vida miserable» (*infra*, p. 198). A pesar de los cuantiosos beneficios que reportan a la sociedad, cuando llega la vejez o la enfermedad nadie se preocupa de ellos. «Y no es esto todo —continúa Hythlodeo—, del jornal que reciben los pobres les roen los ricos todavía una porción, apelando para ello no solamente al fraude privado sino que se aprovechan también de las leyes injustas... Contemplando todos esos Estados tan florecientes hoy día, meditando en su situación, no se me ocurre otra cosa —Dios me libre— sino que se trata de una especie de conspiración de los ricos, que se sirven del nombre y título de *respublica* para sus intereses particulares.»

Y la conclusión a que llega es que el origen de todos los males —incluida la pobreza— es el dinero: «¿Quién ignora que los fraudes, robos, rapiñas, reyertas, motines, pendencias, levantamientos, asesinatos, traiciones y envenenamientos quedarían definitivamente extinguidos junto con la supresión del dinero? Y al mismo tiempo que el dinero desaparecerían también el temor, la inquietud, las preocupaciones, las fatigas y vigilias, y hasta la pobreza misma —única que parece andar corta de dinero—; también ella decrecería tan pronto se eliminase totalmente el dinero en el mundo» (*infra*, pp. 199-200).

Pero ¿es el dinero la raíz última de los males?; ¿es el dinero uno de los eslabones en el determinismo mecanicista de la historia? O, puesto de manera más positiva, ¿la eliminación del dinero en Utopía, y con ello la posibilidad de acumular bienes privados, es razón del bienestar de los utopienses? No es esa la razón, sino otra bien distinta.

Si los negocios humanos funcionan bien en Utopía, si la gente trabaja y cede voluntariamente el producto de su trabajo, si no existe codicia por acumular bienes ni intención de alzarse con el poder, es porque los valores espirituales priman sobre los materiales. No es porque no exista el dinero o la propiedad. Es el amor al prójimo y la esperanza de una vida futura premiada por Dios lo que les mueve a trabajar y servir a sus conciudadanos[40]. En este sentido han subordinado totalmente el uso personal de los bienes al destino comunitario; pero sin llegar a dar a la participación del hombre en las operaciones de creatividad laboral una dimensión teológica[41].

La teología de la liberación

Durante el diálogo de la Parte primera de la *Utopía*, Rafael Hythlodeo, hombre de genio vivo, singular, y amigo de

---

[40] En el capítulo sobre las artes y oficios de lo utopienses *(De Artificiis),* se dice de los sifograntes o capataces supervisores laborales que su cometido consiste «en cuidar y vigilar que nadie esté ocioso y que todos se dediquen con diligencia a sus tareas, pero sin andar azacanados como bestias de carga, que trabajan sin parar desde el alba hasta última hora de la tarde. Semejante agobio es peor que la esclavitud y, sin embargo, tal es el género de vida de los trabajadores en casi todas partes. No así entre los utopienses» (cfr. *infra,* p. 117-118).
El trabajo, aunque es un deber, es también una digna y provechosa ocupación que no rehúyen las personas dispensadas de trabajar, entre ellas los sifograntes que, «aunque legalmente exentos, no se consideran excusados del trabajo y estimulan así, con su ejemplo, a que trabajen los demás» (cfr. *infra,* pp. 120-121).
[41] El trabajo, para un cristiano, enlaza con la Redención de Cristo: «Con la oblación de su trabajo a Dios, los hombres se asocian a la propia obra redentora de Jesucristo, quien dio al trabajo una dignidad sobreeminente laborando con sus propias manos en Nazaret. De aquí se deriva para todo hombre el deber de trabajar fielmente, así como también el derecho al trabajo. Y es deber de la sociedad, por su parte, ayudar, según sus propias circunstancias, a los ciudadanos para que puedan encontrar la oportunidad de un trabajo suficiente. Por último, la remuneración del trabajo debe ser tal que permita al hombre y a su familia una vida digna en el plano material, social, cultural y espiritual»: CONC. VATICANO II, *Constitución sobre la Iglesia en el mundo actual,* Parte II, 3, 67. Cfr. también la encíclica *Laborem exercens* de JUAN PABLO II (BAC, Madrid, 1987, con estudios sobre la encíclica); y J. L. ILLANES, *La santificación del trabajo,* 10 ed., Madrid, 2001 (Palabra); J. M. AUBERT, *La santificación en el trabajo,* en *Mons. Josemaría Escrivá y el Opus Dei* (dir. P. Rodríguez), 2 ed., Pamplona, 1985 (Eunsa).

extremismos, rechaza la idea propuesta por su contertulio Moro. Este trata de convencerle de que entre al servicio de algún rey o magnate, para hacer valer allí sus consejos en provecho de la sociedad.

«Ante la imposibilidad de arrancar de raíz desviadas opiniones o poner remedio a las malas prácticas arraigadas con el uso —dice Moro a Hythlodeo—, no por ello hay que abandonar el Estado; tampoco se abandona una nave en caso de tempestad, al no ser posible gobernar los vientos. No trates, pues, de inculcar ideas novedosas y peregrinas, que carecen de peso, como es sabido, ante quienes están convencidos de todo lo contrario. Has de intentar, más bien, un método indirecto, arreglándotelas para actuar con mucho tacto; y si no logras que lo malo se torne bueno, haz por lo menos que el mal se limite al mínimo. Resulta imposible que todo marche bien mientras no todos sean buenos, lo cual no es de esperar que ocurra hasta dentro de algunos años» (*infra*, pp. 97-98).

El dilema histórico sobre si ha de actuarse de manera radical o, por el contrario, recurrir a una paulatina y serena corrección de los males, está planteado a fondo. O también, más radicalmente, el dilema de si los llamados males sociales se remedian por cambios en las estructuras de la sociedad o por cambios en el interior de las personas. Puede plantearse como la alternativa de ¿revolución o reforma? Hythlodeo opina que, si buscamos un remedio a los males, hay que abolir la propiedad privada. Moro piensa que, en tanto los hombres no se conviertan y sean buenos —y esto va para largo—, hay que adoptar el método de la reforma paulatina.

En las últimas páginas de la obra, aun no poniéndose de acuerdo, ambos llegan a la misma conclusión: que no es fácil librar de vicios y pecados a toda la humanidad. La conversión —según Moro—requerirá tiempo. Tampoco tiene duda alguna Hythlodeo de que «el interés particular de cada uno o la autoridad de Cristo Salvador nuestro» hubiese puesto a los Estados en vías de salvación, siguiendo el ejemplo de Utopía, adoptando sus leyes e instituciones. Pero hay un grave obstáculo que vencer: «salvo que a ello se opone un único engendro: la soberbia» (*infra*, p. 201).

Una de las lecciones finales de la *Utopía* es que no se puede redimir a una sociedad si antes no se han desterrado sus vicios y si cada hombre, en concreto, no se libera previamente de los pecados que le atenazan.

Han pasado siglos desde que se descubrió el nuevo Orbe y se editó la *Utopía*. Se han producido cambios radicales de todo tipo, y programas de renovación social, y revoluciones sangrientas en todo el mundo. ¿Cuál es la situación actual en los llamados países del tercer mundo? ¿Cuál es la situación en América?

«En ciertas regiones de la América Latina, el acaparamiento de la gran mayoría de las riquezas por una oligarquía de propietarios sin conciencia social, la casi ausencia o las carencias del Estado de Derecho, las dictaduras militares que ultrajan los derechos elementales del hombre, la corrupción de ciertos dirigentes en el poder, las prácticas salvajes de cierto capital extranjero, constituyen otros tantos factores que alimentan un violento sentimiento de revolución en quienes se consideran víctimas impotentes de un nuevo colonialismo de orden tecnológico, financiero, monetario o económico»[42].

Tarea de todos los cristianos es contribuir a la obra de «liberación social», «con el fin de obtener para todos una justicia que corresponda a su dignidad de hombres e hijos de

---

[42] Cfr. SAGRADA CONGREGACIÓN PARA LA DOCTRINA DE LA FE, *Instrucción Libertatis nuntius* (6-VIII-1984), *Sobre algunos aspectos de la Teología de la liberación*, VII, 12.

Dios. Y esa importante tarea ha de realizarse en una línea de fidelidad al Evangelio, que prohibe el recurso a métodos de odio o violencia»[43].

Con todo, sin querer aprender las lecciones de la historia, y sin comprender la naturaleza humana, todavía existen cristianos convencidos, muy a última hora, de que hay que hacer nuevas y más profundas revoluciones sociales, porque la solución para los males de la sociedad es «que se hable de revolución social y no de reformas, de liberación y no de desarrollismo, de socialismo y no de modernizaciones del sistema imperante»[44]. Esto supone la aceptación del análisis y métodos marxistas, que arrastra, irremediablemente, a un programa materialista, revolucionario y ateo. Y nos recuerda al insecto atolondradamente prendido en la telaraña geométrica y fatal de la que no podrá desprenderse, para terminar devorado por la araña que la tejió.

---

[43] Cfr. JUAN PABLO II, *Homilía* 11-X-1984 («L'Osservatore Romano», 13-X-1984, p. 4). En esa homilía, pronunciada en Santo Domingo, definía el Papa lo que entiende la Iglesia por «opción preferencial por los pobres»; la liberación social «ha de realizarse manteniendo una opción preferencial por el pobre que no sea exclusiva y excluyente, sino que se abra a cuantos quieren salir de su pecado y convertirse en su corazón; ha de realizarla (la Iglesia) sin que esa opción signifique ver al pobre como clase, como clase en lucha».

«La lucha de clases como camino hacia la sociedad sin clases es un mito que impide las reformas y agrava las miseria y las injusticias. Quienes se dejan fascinar por este mito deberían reflexionar sobre las amargas experiencias históricas a las cuales ha conducido» (Instrucción *Libertatis nuntius*, XI, 11).

[44] Cfr. G. GUTIÉRREZ, *La fuerza histórica de los pobres*, Lima, 1979, p. 80. Un estudio expositivo y crítico sobre las desviaciones doctrinales de algunas ramas de la llamada Teología de la Liberación en, J. M. IBÁÑEZ LANGLOIS, *Teología de la liberación y lucha de clases*, Madrid, 1985 (Palabra). La Instrucción *Libertatis nuntius* fue publicada al objeto de «atraer la atención de los pastores, de los teólogos y de todos los fieles, sobre las desviaciones y los riesgos de desviación, ruinosos para la fe y para la vida cristiana, que implican ciertas formas de teología de la liberación que recurren, de modo insuficientemente crítico, a conceptos tomados de diversas corrientes del pensamiento marxista» (Introducción).

El remedio contra los males sociales consiste no en una lucha de odios y violencias o revoluciones, sino en el batallar del hombre contra sus defectos y pecados. Porque los males que aquejan colectivamente a los pueblos, esas situaciones históricas de injusticia y malestar, son resultado de comportamientos reprobables de hombres concretos que pasan a grandes grupos y hasta a naciones enteras. Son consecuencia de los pecados personales, que llegan a hacerse sociales; los llamados pecados sociales están nutridos por «el fruto, la acumulación y la concentración de muchos pecados personales»[45].

La auténtica Liberación fue llevaba a cabo por Cristo al redimir a la humanidad entera, venciendo el pecado y adquiriéndonos la gracia sobrenatural con la que nos dio la libertad que nos hace hijos de Dios y hermanos de Cristo. Toda la historia y la naturaleza misma de este mundo se halla en expectación escatológica, sufriendo el desorden introducido por el pecado original. La felicidad de la vida eterna se incoa aquí abajo en las almas de quienes buscan la auténtica justicia, en primer lugar dentro de cada uno con la gracia, aunque sigan sometidos al atropello de la muerte, del dolor o del hambre[46].

Para la liberación social, Platón recurrió al mito filosófico; Licurgo, a la reforma de las leyes; Lenin, a la revolución violenta; Moro, a las lecciones que el lector puede extraer al meditar la *Utopía*.

---

[45] Cfr. Juan Pablo II, Exhortación Apostólica *Reconciliatio et Paeniten- tia*, 2-XII-1984, n. 16. «El pecado, en sentido verdadero y propio, es siempre un acto de la persona, porque es un acto libre de la persona individual, y no precisamente de un grupo o comunidad» (*ibíd.*)

[46] La visión cristiana sobre el asunto no se limita al remedio de los males terrenos; incluye la lucha por remediarlos y adquiere además altura sobrenatural: «El Evangelio de Jesucristo es un mensaje de libertad y una fuerza de liberación... La liberación es ante todo y principalmente liberación de la esclavitud radical del pecado. Su fin y su término es la libertad de los hijos de Dios, don de la gracia. Lógicamente reclama la liberación de múltiples esclavitudes de orden cultural, económico, social y político, que, en definitiva, derivan del pecado, y reconstituyen tantos obstáculos que impiden a los hombre vivir según su dignidad» (*Libertatis nuntius*, Introducción).

UTOPÍA

CARTA DE TOMÁS MORO
A PEDRO EGIDIO

Me da cierta vergüenza, queridísimo Pedro Egidio[1], enviarte, casi con un año de retraso, este librito sobre la República de Utopía, que sin duda esperabas antes de mes y medio, sabiendo que no tenía que esforzarme en cuanto a la inventiva ni que reflexionar sobre su estructura, pues me bastaba con repetir lo que juntos oímos contar a Rafael. Tampoco se requería trabajar el estilo, porque la dicción no tenía por qué ser muy primorosa, tratándose de algo improvisado y espontáneo, en primer lugar; y luego porque el que lo narraba no era —como sabes— tan docto en latín como en griego. Así, mi discurso, cuanto más próximo a su sencilla llaneza tanto más cercano estará de la exactitud, que es a lo que debo atenerme en este asunto, y a lo que me atengo.

---

[1] Pedro Gilles (en latín, Petrus Aegidius) nació en Amberes en 1486. En 1510 era Secretario de esa ciudad. Destacado humanista y amigo de Erasmo, aparece en la historia de la *Utopía* como uno de los personajes del diálogo con Hythlodeo. De Gilles hace Moro una elogiosa semblanza en las primeras páginas de la obra... Publicó varias obras eruditas y, como se dice en el frontispicio de la edición de Lovaina de 1516, se ocupó de la impresión de la *Utopía* en la imprenta de Martens: *«cura M. Petri Aegidi Antuerpiensis»*.

Te confieso, querido Pedro, que teniendo todo esto ya dispuesto y listo se me ahorraba tanto trabajo que muy poco me quedaba por hacer. En otro caso, el tener que discurrir sobre el tema y plan de composición hubiera exigido, aun por parte de un ingenio no falto de talento y conocimientos, largo tiempo y aplicación. De manera que, si me hubiese visto obligado a escribir sobre este tema atendiendo a la elegancia, y no solo a la exactitud de lo escrito, la tarea me desbordaría, por más tiempo y esfuerzo que a ella dedicase. Ahora bien, eliminada esa preocupación, que representaba tantos sudores, lo único que me quedaba por hacer era aplicarme, simplemente, a consignar por escrito lo que había oído: cosa bien fácil.

Sin embargo, para llevar a cabo tan insignificante tarea apenas me dejaban tiempo mis otras ocupaciones; pues mientras estoy dedicado asiduamente a las causas forenses, ya en un litigio, ya en una vista o en un laudo, o dirimiendo como juez una causa, ya sea por tener que hacer a este una visita de oficio o al otro una visita privada, mientras así empleo en los extraños la casi totalidad del día, y lo que de él resta a los míos, lo que yo me reservo para mí, es decir, para las letras, se reduce a nada. Así es, en efecto, pues de vuelta a casa he de conversar con mi mujer, charlar con mis hijos y platicar con los criados. Todo lo cual entra dentro de las obligaciones que es necesario atender: necesario so pena de que quieras volverte un extraño en tu propio hogar. Porque es de todo punto obligado mostrarnos complacientes con nuestros compañeros de existencia —señalados por la naturaleza, ofrecidos por las circunstancias o elegidos por nosotros mismos— pero de modo que no los estropeemos con la familiaridad en el trato ni hagamos de los criados unos señores, si nos da por pasarnos de indulgentes.

En medio de dichas ocupaciones transcurren los días, los meses y los años. ¿Cuándo, pues, voy a escribir?; Y eso que hasta ahora no he mencionado aún el sueño, ni tampoco la comida, que a muchos les lleva por lo menos tanto tiempo como el dormir, y este nos consume casi la mitad de la existencia. Yo, el único tiempo que consigo es el que robo al sueño o a la comida, lo cual me ha permitido que acabase —con lentitud, porque dispongo escasamente de él— la *Utopía,* que por fin te envío para que la leas y me avises si hay algo en ella que se nos haya escapado.

Por lo que a esto se refiere tengo suficiente confianza en mí mismo (y ojalá tuviera ingenio y conocimientos, porque lo que es de memoria no ando falto en absoluto); pero no hasta el punto de pensar que no se me ha escapado nada. El caso es que, como sabes, estaba presente a la entrevista mi paje, Juan Clement[2], a quien no permito que se pierda conversación que le pueda ser de provecho, porque de esa planta, que ya verdea en la literatura latina y griega, espero selectos frutos algún día, el cual me ha puesto en grave duda. A lo que recuerdo, Hythlodeo nos contó que el puente de Amauroto, que cruza el río Anhidro, tiene una longitud de quinientos pasos; pero mi Juan dice que hay que rebajar doscientos, pues la anchura del río no llega allí a los trescientos. Ruégote, pues, que trates de hacer memoria; y si estás de acuerdo con él, yo también lo daré por bueno y pensaré que es un error por mi parte; pero si tú mismo no lo recuerdas, consignaré, como ya había hecho, lo que creo recordar. Mi mayor cuidado es que no aparezca nada erróneo en el libro; y de existir dudas acerca de algún punto, prefe-

---

[2] Juan Clement se educó en la escuela de Saint Paul de Londres y pronto entró como paje y secretario de Moro, en cuya casa fue tutor e instructor de sus hijos en griego y latín. En 1518, sin haber cumplido aún los veinte años, enseñaba en la Universidad de Oxford. En 1526 se casó con Margarita Gigs, hija adoptiva de Moro. Viajó por el extranjero y se dedicó de lleno a la profesión médica, en la que destacó. Al igual que Moro, rehusó prestar juramento a la Ley de Supremacía, y fue encarcelado. Después de la muerte de Moro se estableció en los Países Bajos, donde murió en 1572.

riría decir una falsedad y no una mentira[3]. Antes quiero ser tenido por persona honrada que no por ingenioso.

De cualquier modo, fácil sería poner remedio a ese mal, preguntándoselo a Rafael, en persona o por carta. Es preciso además que lo hagas, porque me ha venido un escrúpulo, no sé si por culpa mía, tuya o del mismo Rafael: ni se nos ocurrió averiguar, ni él nos dijo, en qué lugar del nuevo mundo está situada Utopía. Con gusto hubiera dado una buena suma de dinero por subsanar dicha omisión, pues me avergüenza ignorar en qué mar se encuentra una isla de la que doy tanto detalle; y también por haber entre nosotros alguna que otra persona, y particularmente una, varón piadoso y teólogo de profesión, al que consume el ardiente deseo de presentarse en Utopía, no arrastrado de la vana curiosidad de ver cosas nuevas sino con objeto de fomentar y propagar nuestra religión, que tan felizmente ha prendido allá[4]. Y con el fin de hacerlo formalmente determinó

---

[3] En latín: «*potius mendacium dicam quam mentior, quod malim bonus esse quam prudens*». En un ladillo se llama la atención del lector: «Nótese la distinción teológica entre *mentiri* y *mendacium dicere*». Sin embargo, no va por ahí la intención de Moro sino por el camino de la ironía. De hecho toda la obra es una falsedad creadora y poética, e intencionada, por supuesto. Preocuparse, pues, por errores, inexactitudes o mentiras en la Utopía (isla inexistente), no pasa de ser una broma. Subraya esta idea el título de la edición de 1516: «Un librito verdaderamente áureo, no menos saludable que festivo, sobre la mejor forma de Comunidad política y la nueva isla de Utopía». El orden del título cambia en 1518. Esta carta-prefacio de Moro a Pedro Gilles continúa el juego humorístico del autor, dando tono a toda la obra y señalando sus intenciones, en contra de quienes se empeñan en ver —desprovistos de un mínimo sentido del humor— firmes y rotundas posturas ideológicas del autor en todas sus páginas.

[4] Cuando Rafael deja la isla son ya muchos los utopienses bautizados, pero no les es posible recibir aquellos sacramentos que únicamente pueden administrar los sacerdotes, como contará Hythlodeo en el capítulo de «Las Religiones de los Utopienses». Moro, al igual que con el puente sobre el río Anhidro, continúa aquí la broma sobre el desinteresado interés de un sacerdote al que consumía «el ardiente deseo de presentarse en Utopía» como obispo, para poder ordenar sacerdotes y propagar la religión católica.

La anécdota se achaca al vicario de Croydon, Rowland Phillips, contemporáneo de Moro, en una nota a la edición de la *Utopía* de 1624, en traducción

obtener licencia del Papa para ser nombrado obispo de los utopienses, sin que obstase a ello el escrúpulo de solicitar el obispado para sí mismo. Lo que verdaderamente le mueve es una santa ambición, cuyo origen no está en la vanidad ni en la codicia sino en piadosas consideraciones. Ruégote por lo tanto, querido Pedro, que indagues eso de Hythlo- deo —de palabra, si buenamente puedes, o por carta, si es que se halla ausente— de manera que en mi obra no haya error alguno ni se falte un punto a la verdad. No sé si sería más conveniente enseñarle el libro. Nadie más indicado que él para corregir posibles equivocaciones, y no podrá hacerlo sin echar una ojeada a lo que he escrito.

Además, de este modo, alcanzarás a ver si le agrada o si lleva a mal el que haya compuesto esta obra. Porque si está decidido a poner por escrito sus trabajos, quizá no quiera —y tampoco yo lo quisiera— que, al divulgar yo la repú- blica de Utopía, deje maltrecho el relato en la flor y donaire de su novedad. Pero, a decir verdad, no he decidido todavía conmigo mismo si la publicaré siquiera. Tan variados son los gustos de la gente, tan sombrío es el carácter de algunos, sus sentimientos tan ingratos y sus criterios tan disparatados que da la impresión de que mejor se entienden con los que, alegres y bulliciosos, se dejan llevar de su natural, que no con los que se desviven por publicar algo que pueda ser- vir de utilidad o placer a esas gentes fastidiosas e ingratas. Son multitud los que no tienen letras; y muchos los que las desprecian. El bárbaro rechaza como insoportable lo que no es totalmente bárbaro. Los sabihondos desdeñan como cosa trivial lo que no esté sembrado de términos desusados. Algunos no se recrean más que en obras antiguas; y la ma-

inglesa de Ralph Robynson. El vicario de Croydon adoptó una ambigua pos- tura en cuanto al juramento de la Ley de Sucesión, y con él se encontró Moro en el palacio de Lambeth en abril 1534 cuando esperaba el interrogatorio por parte de los Comisarios Reales (cfr. *Carta* de Moro a su hija Margarita, abril de 1534, en *The Correspondence*, pp. 501-502, y en *Un hombre solo: Cartas desde la Torre*, 2.ª ed., Madrid, 1989, Rialp, p. 34).

yoría, en su propia producción. Este es tan tétrico que no admite bromas; y el otro, tan insulso que no soporta gracias. Algunos tienen un sentido del humor tan chato que rehúyen la agudeza como el perro rabioso huye del agua; y otros son tan tornadizos que ya aprueban una cosa, ya otra, según les coja sentados o de pie. Hay quienes, instalados en la taberna y entre copas, juzgan del ingenio de los escritores y con suma autoridad condenan lo que se les antoja, pellizcando en sus escritos como si se tratase de arrancarles los pelos; ellos mientras tanto, al resguardo y «fuera de tiro», como suele decirse, están tan lisos y rapados que a esos excelentes varones no les queda pelo del que agarrarles. Hay incluso algunos tan ingratos que, a pesar de divertirse superlativamente con la obra, no por eso demuestran cariño alguno a su autor; se parecen a los invitados descorteses, que tras regalárseles con un opíparo banquete y colmárseles de atenciones, una vez saciados se marchan a sus casas sin dar siquiera las gracias a su anfitrión. (¡Vaya usted a preparar ahora, a costa de su bolsillo, una comida para paladares tan exquisitos, gustos tan diversos y sentimientos tan constantes y agradecidos!)

Así y todo, tú, mi querido Pedro, haz lo que te dije respecto a Hythlodeo, que luego estaré en condiciones de reflexionar a fondo y de nuevo sobre el tema. En todo caso, de la voluntad de Hythlodeo depende el que la obra se lleve a cabo, aunque creo que ya es tarde para eso, porque he terminado ya su redacción. Y en cuanto a la impresión, que está pendiente, seguiré el consejo de los amigos y, en primer término, el tuyo.

Que lo pases bien, entrañable Pedro Egidio, junto con tu excelente esposa; que tu afecto por mí sea el de siempre, pues mi cariño hacia ti va en aumento.

LIBRO I:
Discurso del insigne
Rafael Hythlodeo sobre la mejor
forma de comunidad política[1]

por Tomás Moro, ilustre ciudadano y vicesheriff de la ínclita ciudad de Londres, en Inglaterra.

Estancia de Moro en Flandes

El invicto rey de Inglaterra Enrique —octavo de este nombre—, príncipe egregio, dotado de cuantas prendas deben adornar a un monarca, tuvo recientemente una discusión sobre asuntos de no poca monta con Su Serenísima Alteza el príncipe Carlos de Castilla. Para tratar de ello y llegar a un acuerdo se me envió a Flandes[2] como acompañante y colega del incomparable Cutberto Tunstal, que con gran satisfacción de todos acababa de ser nombrado Archivero del Reino[3].

---

[1] Esta es la titulación que encabeza el libro I de la *Utopía*, a continuación del frontispicio de la edición de Basilea y de los parerga introductorios.

[2] La comisión del rey es del 7 mayo 1515. La misión diplomática iba bajo la dirección de Tunstal; Moro estaba agregado a ella como delegado oficial en representación de los comerciantes ingleses, ya que, aparte de cuestiones de alianzas matrimoniales entre Carlos y la hermana de Enrique VIII, se trataría de los intercambios comerciales, la exportación de la lana inglesa a los Países Bajos y la validez del tratado de 1506.

[3] Cutberto Tunstal (1474-1559), obispo de Londres en 1522 y luego de Durham, era amigo de Moro y teólogo versado en matemáticas, griego y hebreo. Estuvo en varias embajadas, entre ellas en Cambrai, en 1529, acompañado de Moro, para negociar la Paz de las Damas.

El título de *Master of the Rolls* representa un alto cargo, es el principal ayudante del Lord Canciller. Por la fecha del nombramiento (mayo de 1516), y por lo que se nos acaba de decir sobre el príncipe Carlos en 1515, que todavía

Estimo prudente no prodigar aquí elogios sobre su persona. No porque tema que el testimonio de un amigo se considere como falto de credibilidad sino porque el temple moral de su persona y conocimientos exceden a cuanto yo pueda decir de él. De tanta fama goza por doquier, y es tan ilustre, que el empeñarse en demostrarlo sería —como reza el proverbio— «encender un candil para alumbrar el sol».

Según estaba previsto nos encontramos en Brujas con los comisionados del príncipe, todos ellos varones notables. Como jefe y cabeza de su delegación venía el burgomaestre de Brujas, personaje magnífico; pero su portavoz y aliento era Jorge de Themsecke, preboste de Cassel, hombre de elocuencia cultivada y natural facundia, además de ser un excelente jurisconsulto y un diplomático consumado, diestro negociador y muy ducho en estos asuntos.

Tras varias reuniones, sin llegar a un acuerdo satisfactorio sobre ciertos puntos, se despidieron de nosotros por unos días, yéndose a Bruselas a consultar el parecer de su príncipe; y en el entretanto, por razones personales, yo me marché a Amberes.

Allí, durante mi estancia, recibí frecuentes visitas, aunque ninguna más grata para mí que la de Pedro Egidio[4], natural de Amberes, persona muy estimada, de honrada posición y acreedor aún a mayores distinciones. No sabría decir qué es lo que más me impresiona de este joven, si su saber o su integridad moral. Es muy virtuoso y docto; llano en el trato; y muestra para con sus amigos un corazón tan rendido, cariñoso y leal, y tan afectuosamente sincero que difícilmente habrá quien se le iguale a la hora de hacer recuento de amistades. Es de una modestia poco común:

---

no era rey, se ve la actualidad de las noticias y situaciones políticas y sociales de las que se va a hablar en la obra.

[4] Se trata de Pedro Gilles, a quien va dirigida la carta-prefacio de la *Utopía*.

muy ajeno a la afectación, y de lo más discreto y sencillo en su comportamiento. Tan amena es su conversación, tan delicadamente festiva, que el placer de tratarle y su sabrosa charla contribuyeron en gran modo a hacerme llevadera la inquietante nostalgia que sentía por regresar a mi patria —al hogar, a mi mujer y a mis hijos—, pues había estado ausente de casa más de cuatro meses.

Pues bien, cierto día en que asistí a los divinos oficios en Santa María, templo de bellísima fábrica y muy popular entre los fieles, iba a volverme a mi alojamiento una vez acabada la Misa[5] cuando, casualmente, veo a mi amigo charlando con un forastero de edad más bien avanzada, rostro curtido, luenga barba y una capa que le caía al desgaire por el hombro. Por el semblante y la indumentaria me pareció un marino.

En esto, Pedro, tan pronto me vio, se acercó a saludarme. Iba yo a responderle cuando, echándome un poco aparte, e indicando a la persona con quien le había visto conversar, me dijo:

—¿Ves a ese hombre?; pues pensaba llevarle directamente a tu casa.

—Le hubiera recibido con sumo gusto, tratándose de ti —le respondí.

—Di más bien por él mismo, si supieses de quién se trata. No existe hoy día en el mundo hombre que pudiera contarte tantas maravillas sobre gentes y países desconocidos; y me consta que esos temas te apasionan.

---

[5] Esta manera de introducirnos en el diálogo, presentándonos a Rafael a la salida de Misa, recuerda el comienzo de la *República* de Platón, en que Sócrates y Glaucón vienen de la celebración del festival: «Habíamos ofrecido nuestras plegarias y acabado de ver todo, cuando nos marchábamos para la ciudad...» (I, 327).

—Entonces no anduve muy desacertado —le repliqué—, ya me pareció a mí al primer vistazo que tenía pinta de marino.

—Pues te equivocas de cabo a rabo —me contestó—. Es navegante, sí; pero no al estilo de Palinuro[6] sino como Ulises o, mejor dicho, como Platón. Este Rafael, apellidado Hythlodeo, no es mal entendido en latín y domina el griego, lengua a la que se ha dedicado con más empeño que a la de Roma, por haberse consagrado enteramente a la filosofía, disciplina en la que nada hay en latín que valga la pena, fuera de algún que otro texto de Séneca o Cicerón.

Luego de dejar a sus hermanos la hacienda que en su patria poseía —es portugués—, y llevado de la comezón de visitar mundo, se juntó a Américo Vespucio[7], del que fue compañero inseparable durante los tres últimos viajes de los cuatro que emprendió; y de los cuales corre por ahí relación impresa. Pero en su postrera navegación no regresaría con él sino que se las ingenió y hasta forzó a Vespucio, pienso yo, para ser uno de los veinticuatro que se quedaron en un fortín, en el punto más alejado que alcanzó la expedición. Y allá le dejaron, para satisfacer su inclinación, pues más se preocupa de viajar que no de ir encontrando su sepultura. Frase muy suya, que continuamente trae en la boca, es: «al que no tiene tumba, cúbrele el cielo»; y aquello de que «desde cualquier sitio hay un camino que nos lleva al cielo».

---

[6] En la *Eneida* se cuenta la historia del piloto que se durmió sobre el timón y cayó al mar (V, 833 y ss.; VII, 337 y ss.). La alusión encierra una doble imagen: Rafael es hombre despierto, no como el timonel Palinuro; y, además, observador y estudioso. Como buen filósofo, al estilo de Platón, gusta de recorrer y conocer las costumbres y organización de otros países.

[7] Las fuentes históricas en que se apoya la ficción de la *Utopía* en este pasaje es el libro *Quatuor Americi Vespucii Navigationes,* que aparece en la *Cosmographiae introductio* de Martin Waldseemüller, impresa por Walter Ludel en Saint Dié en 1507. Allí se habla en alguna de sus páginas de la comunidad de viviendas de los indígenas, de su desprecio del oro y piedras preciosas, etc.

Manera de pensar que hubiese pagado muy cara si Dios no le hubiera echado una mano.

Así es que, después de la partida de Vespucio, recorrió muchos países con cinco de los compañeros del fortín, yendo a parar, por extraña fortuna, a Taprobana; y desde allí se fue a Calicut[8], donde tuvo la suerte de dar, cuando menos lo esperaba, con unas naves portuguesas que le llevarían finalmente a su patria.

Rafael Hythlodeo cuenta sus aventuras

Luego de contarme esto Pedro, le agradecí su amabilidad e interés, ya que había pensado en el placer y provecho que me produciría charlar con ese hombre. Me dirigí entonces a Rafael y, después de intercambiar saludos y decirnos esas frases usuales entre quienes se ven por vez primera, nos encaminamos de allá a mi casa; y en el jardín, sentados en un banco de césped, nos pusimos a conversar.

Nos contó Rafael cómo, una vez partido Vespucio, él y los compañeros que quedaron en la fortaleza se hicieron poco a poco con los nativos del país, gracias al trato habitual y a su mucha condescendencia, de manera que convivían sin temor a ser atacados, y hasta llegaron a familiarizarse con ellos. Cierto jefe, cuyo nombre y pueblo he olvidado, les mostró su favor y afecto; y por su generosidad —seguía relatando— les suministraron a él y a sus cinco compañeros suficientes medios de transporte y avituallamiento para el viaje (utilizando balsas si lo hacían por agua; y si por tierra, carretas), y les proveyó también de un guía fidelísimo, que

---

[8] Taprobana es el nombre con que en la Antigüedad y en tiempos de los descubrimientos portugueses se conocía la isla de Ceilán, después Sri-Lanka. Calicut es importante puerto de la costa Malabar, visitada por Vasco de Gama.

les conducía ante otros jefes, presentándoles con las debidas recomendaciones.

Al cabo de muchos días de viaje se encontraron con plazas fuertes, ciudades y repúblicas muy populosas y con una organización nada despreciable; aunque, por supuesto, bajo la línea ecuatorial y casi hasta los confines que abarca la órbita del sol se extienden a uno y otro lado vastas zonas desérticas y abrasadas por perpetuos calores. Allí reina la desolación por todas partes; el paisaje es lúgubre y horrendo: yermos habitados por fieras y serpientes, y por hombres no menos salvajes y dañinos que las bestias. Pero, conforme se pasa adelante, parece como que todo se vaya mitigando. El clima se suaviza; el terreno se viste de verdor; la condición de los animales es menos bravía; y terminan por aparecer poblados, ciudades y fortalezas que mantienen entre sí y con sus vecinos —y también con naciones lejanas— frecuentes relaciones comerciales por tierra y por mar. Desde allí tuvieron ocasión de visitar muchas tierras en todas las direcciones, pues no había barco listo para zarpar a un destino cualquiera que no les recibiera a bordo con agrado, a él y a sus compañeros.

Contaba que las naves que vieron en los primeros países eran de fondo plano, con velas de papiro o de mimbres entretejidas, y en otros lugares hechas de cuero. Más adelante encontraron otras de quilla afilada y velas de lona de cáñamo; y al fin, en todo semejantes a las nuestras. Sus navegantes no eran malos peritos en cosas de la mar y del firmamento; pero, según decía, le agradecieron muchísimo que les enseñase a usar la brújula, hasta entonces absolutamente desconocida para ellos, por lo que no se arriesgaban a lanzarse a alta mar; solamente durante la época del estío lo hacían sin temor. Ahora, en cambio, confiados en la piedra imán desafían la estación invernal, sintiéndose más seguros, aunque no estén menos libres de peligro. Mucho temo que semejante instrumento, que

podría serles de gran utilidad, vaya a ser por su imprudencia causa de grandes desastres.

Largo sería de comentar lo que nos dijo haber visto en
cada uno de aquellos lugares; y no es este el propósito del libro. Quizá lo cuente en otra ocasión, especialmente lo que
convendría no pasar por alto, y sobre todo las usanzas nacidas
de la justicia y de la moderación que observó en naciones de
civilizada sociabilidad. Acerca de todo ello le interrogamos con
avidez; y él se explayaba a sus anchas, pero sin hacer mención
alguna de monstruos. Esto nada tiene ya de novedoso, porque no hay sitio donde uno no se tropiece con escilas, celenos
rapaces, lestrigones que devoran hombres y demás engendros
portentosos[9]. En cambio, no en cualquier parte nos encontramos con una sabia y saludable organización ciudadana.

Si bien echó de ver la multitud de excesos arraigados en
esas nuevas naciones, no por ello dejó de consignar bastantes
cosas de las que nuestras ciudades, naciones, pueblos y reinos
podrían tomar ejemplo oportuno para corregir desvíos. Ya he
dicho, sin embargo, que en otra ocasión me ocuparé de indi-
carlos, pues mi propósito, por el momento, no es otro que el
de referir lo que nos contaba de las costumbres e instituciones de
los utopienses, recogiendo antes la conversación que, como
de la mano, nos llevó a mencionar aquella República.

¿Por qué no entra Rafael al servicio de un rey?

Ya Rafael, con mucho tacto, había criticado algunos de
los errores cometidos acá o allá, por nosotros o por ellos
(por supuesto, numerosos por ambas partes); y también ha-

---

[9] Escila: monstruo con seis cabezas y doce pies, cuyos lomos estaban ce-
ñidos con cabezas de perros (*Odisea* XII, 235 y ss.). Celeno: una de las arpías,
cruel ave de rapiña con cabeza de mujer (*Eneida* III, 211 y ss.). Lestrigones:
gigantes caníbales (*Odisea* X, 105 y ss.).

bía comparado las disposiciones legales, para ver cuáles eran más acertadas, si las dadas por nosotros o por ellos. Tan puntual era su conocimiento de las costumbres e instituciones de cada uno de esos pueblos, aunque solo estuvo de pasada en esos sitios, que parecía haber vivido allí toda su vida. Así es que Pedro, con asombro ante tal sujeto, le dijo:

—Me sorprende, mi querido Rafael, que no te hayas acogido a la corte de algún rey. Estoy seguro de que cualquiera de ellos te recibiría con los brazos abiertos, pudiendo deleitarle con tu saber y experiencias de países y gentes, y eres la persona más adecuada para instruirle con tus ejemplos y ayudarle con tu consejo. De manera que, además de prestarle un excelente servicio, servirías de apoyo seguro a los tuyos.

—Por lo que respecta a mi familia —contestó—, no siento demasiada preocupación; pienso que he cumplido con ellos más que medianamente. Otros, por cierto, no ceden sus bienes hasta que se ven viejos y decrépitos (y aun entonces los ceden a regañadientes y cuando es imposible el retenerlos); yo los he repartido entre mis parientes y amigos cuando gozaba de salud y lozanía, y hasta de juventud. Me imagino que estarán satisfechos de mi generosidad y que no vendrán a exigirme o esperar que por su causa vaya encima a someterme a la servidumbre de los reyes.

—Bien dicho —respondió Pedro—, pero no me refería a que te hicieses siervo de reyes, sino servidor.

—De siervo a servidor —replicó él— no va más de una sílaba[10].

—Puedes llamarlo como te plazca —continuó Pedro—, pero pienso que ese es precisamente el camino que debes

---

[10] En latín: «*non dico ut servias regibus, sed ut inservias*»; de ahí la sílaba que separa *servire* de *inservire*.

emprender para ser útil a otros en privado y en público, y mejorar por añadidura tu propia condición.

—¿Mejorar mi condición por un camino que me resulta aborrecible? —exclamó Rafael—. Por ahora vivo como me place, cosa que sucede a muy pocos cortesanos de los que visten púrpura. Son más que sobrados los que intentan captarse la amistad de los poderosos; no irás a pensar por tanto que sería gran pérdida el tener que prescindir de mí o de algún otro por el estilo.

—Es evidente, mi querido Rafael —intervine yo—, que no ambicionas riquezas ni poder; un hombre de tu talante me merece tanta admiración y respeto, por lo menos, como cualquiera de esos personajes encumbrados en el poder. Considera, sin embargo, que con un espíritu como el tuyo, tan generoso y auténticamente filosófico, si pusieses tus talentos y habilidades al servicio de la causa pública, llegarías a hacer algo realmente digno de tu persona, aunque ello te ocasione perjuicios privados. Y esto no lo lograrías tan eficazmente como entrando de consejero de algún príncipe importante, persuadiéndole —como estoy seguro de que lo harás— a tomar decisiones justas y honorables. Porque del príncipe, como de un manantial inagotable, fluyen en torrente bienes y males sobre el conjunto del pueblo. Tus conocimientos, en verdad, son tan completos que, aun faltándote experiencia, tienes capacidad sobrada para ser un estupendo consejero de cualquier rey sin necesidad de mayores saberes.

—Te equivocas por partida doble, querido Moro —dijo él—. Primero en cuanto a mí, y luego por lo que se refiere al asunto en cuestión. Ni estoy dotado de las cualidades que me atribuyes ni, por grandes que fueran, serviría de nada al interés público el que yo sacrificase mi ocio a tales ocupaciones. La mayoría de los príncipes, ya de entrada, prefieren dedicarse a proyectos bélicos (en los que ni tengo ni deseo tener arte o parte), antes que a las honradas tareas de la paz. Mayor empeño ponen en cómo adquirir nuevos reinos —sea por medios lícitos o ilícitos—, que no en la buena administración de los que poseen. Además, entre los consejeros de los reyes no hay quien no sea lo suficientemente sabio como para prescindir de consejo ajeno; o que no se crea por lo menos tan sabio que le agrade tener que solicitarlo del prójimo. Ello sin contar con que esas gentes dan su asentimiento a cualquier opinión, por absurda que sea, mostrándose serviles con los validos del príncipe y tratando de ganar su estima con adulación.

Pero así ha dispuesto las cosas la naturaleza. Cada cual se encapricha con sus propias invenciones: el cuervo se regodea con sus polluelos, y la mona encuentra graciosa a su cría[11].

¿Qué pasaría en esta asamblea de celos recíprocos o de gente pagada de sí misma caso de que alguien sacara a relucir lo que leyó que se hacía en épocas pasadas o vio en otras tierras? La reacción de los asistentes sería inmediata; toda su reputación de sabios se vendría abajo, y quedarían como tontos de remate si no fueran capaces de encontrar fallos en la invención ajena. Y si ven que el procedimiento no resulta eficaz, su recurso consiste en decir: nuestros antepasados daban por buenas tales medidas; ojalá estemos nosotros a la par de su prudencia. Y tras esta intervención, como si hubieran resuelto el asunto a las mil maravillas, vuelven a tomar asiento. Tal vez consideren en serio peligro el que se coja a alguien dándoselas de más sabio que sus antepasados en una cuestión cualquiera. Así es que con la mayor tranquilidad del mundo nos desentendemos de viejos consejos, que aún son excelentes; pero si alguien sugiere una mejora, entonces volvemos a agarrarnos al viejo asidero como pe-

---

[11] Alusión a unas fábulas de Esopo.

rro a la presa. Con esta clase de prejuicios —de orgullo, de estupidez y de obcecación—me he topado a menudo en muchas partes; y también en Inglaterra, en una ocasión.

—¡Cómo!, ¿has estado en mi país? —le pregunté.

—Estuve, sí —me contestó—. Pasé allí algunos meses, poco después de aquella desastrosa guerra civil que los ingleses de las regiones occidentales emprendieron contra el rey, levantamiento reprimido con una terrible matanza[12]. Grande fue la deuda que por esos días contraje con el reverendísimo cardenal Juan Morton[13], arzobispo de Canterbury, por entonces también Canciller de Inglaterra. Era persona, mi querido Pedro —porque Moro está bien enterado de lo que voy a contarte—, que inspiraba veneración, más que por su autoridad por su prudencia y virtudes. Tenía mediana estatura, sin notársele avejentado por los años. Su semblante imponía respeto, pero no temor. En el trato no era seco, aunque sí serio y grave. Gustaba de parecer desabrido con los que venían a solicitar algo, pero sin llegar a herirles, como si se tratase de probar la agudeza y presencia de ánimo de cada solicitante. El que mostraran temple de carácter, siempre que no llegasen al descaro, le producía regocijo, por afinidad con su propio temperamento, y por considerarlo cualidad apropiada para desempeñar puestos de gobierno.

Era cortés y convincente en el hablar; sus conocimientos jurídicos, profundos; incomparable su inteligencia; y su memoria, más que prodigiosa. Egregias cualidades naturales, que había desarrollado más todavía con el estudio y la

---

[12] La batalla de Blackheath, sin duda; librada en 1497 contra los rebeldes de Cornualles, en la que perecieron más de dos mil personas.

[13] Juan Morton (1420-1500), Cardenal y Canciller en tiempo de Enrique VII; Moro entró como paje al servicio del Cardenal y se educó en su palacio antes de ir a estudiar a Oxford. Al Canciller de Enrique VII se le atribuyen intolerables impuestos y exacciones —aunque probablemente moderó la rapacidad del rey en este aspecto—, por lo que fue muy impopular.

práctica. Grande era la confianza depositada por el rey en su asesoramiento; y estando yo allí daba la impresión de que el Estado dependiese de él. Cosa lógica, pues desde su mocedad pasó directamente de la escuela a la corte, viéndose entregado a asuntos públicos de importancia y zarandeado de continuo por las vicisitudes del azar; por lo que adquirió madurez política a costa de muchos y graves riesgos, que lo que así se aprende es difícil que se olvide.

Crisis económica y moral de la sociedad en Inglaterra

—Estando, pues, un día a su mesa, se hallaba casualmente presente cierto laico muy versado en las leyes de vuestro país, el cual se puso a hacer, no sé con qué motivo, un entusiasta panegírico, punto por punto, de la rigurosidad de la justicia que se aplicaba allá a los ladrones. No era raro —decía— que una veintena de ellos colgasen de un mismo cadalso, y se extrañaba mucho de que cuantos menos eran los que escapaban de la ejecución tantos más eran, por negra fatalidad, los que retoñaban por todas partes.

Entonces yo, armándome de audacia para hablar libremente delante del cardenal, le dije:

—No hay por qué extrañarse. El castigar así a los ladrones es extralimitarse en la justicia, haciendo caso omiso del interés público. La medida es demasiado cruel como castigo impuesto a los robos; pero resulta insuficiente para impedirlos. Un simple robo no es crimen tan enorme como para que uno tenga que saldarlo con su cabeza; y, por otra parte, no existen medidas penales disuasorias para quienes no tienen otro modo de procurarse el sustento. Pero en este punto no sois únicamente vosotros los que así actuáis, también una buena parte del mundo parece imitar a los malos maestros, que prefieren dar una azotaina a sus alumnos en lugar de enseñarlos. Muy severas son las sentencias que se dictan contra el ladrón, y terribles los castigos; mejor sería, sin embargo, que a todos ellos se les procurase el mantenimiento, para que nadie tuviera que encararse con la espantosa necesidad de ser ladrón primero y hombre muerto después.

—Ya se han tomado las medidas oportunas —contestó aquel—. Existen oficios artesanos; y ahí está la agricultura. De esas ocupaciones pueden vivir, a no ser que prefieran hacerse malhechores.

—No te me vas a escabullir con eso —le dije—. Prescindamos de los que con frecuencia regresan a sus hogares mutilados de las guerras extranjeras o civiles, como sucedió hace poco en la campaña de Cornualles, y no mucho antes en Francia[14]; la invalidez de quienes pierden algún miembro por la patria o el rey no les permite volver a sus antiguos oficios, ni les es posible, por su edad, aprender uno nuevo. Prescindamos por lo tanto de esa gente, puesto que las guerras solo se dan de tarde en tarde, y prestemos atención a lo que no hay día que no suceda. Ahí tienes un gran número de gente de la nobleza que, no contentos de andar ociosos como zánganos a costa del trabajo ajeno, esquilman a sus colonos hasta la médula subiéndoles la renta de sus tierras. Esta parece ser la única clase de economía que conocen, porque en los demás aspectos son tan literalmente manirrotos que terminan cayendo en la indigencia. Se rodean incluso de una inmensa caterva de servidores holgazanes, que jamás aprendieron oficio con que ganarse la vida; pero

---

[14] Referencia a la mencionada batalla de Blackheath y a otras acciones bélicas como el sitio de Boulogne (1492) y la expedición inglesa a la Guyena (Aquitania) en 1512. Es interesante notar cómo Hythlodeo, al buscar las causas últimas de los males sociales, va al fondo del problema. Las plagas sociales las crean los hombres por su ambición, soberbia, avaricia y sensualidad; los males son individuales y sociales a la vez.

a estos, en cuanto muere el amo o ellos caen enfermos, se les despide inmediatamente (mejor es dar de comer a un vago que a un enfermo). También ocurre a menudo que los herederos del difunto no pueden sostener desde un primer momento la servidumbre de la casa.

Entretanto, pues, esa gente pasa hambre con ahínco, a no ser que roben con ahínco. Y ¿qué otra cosa van a hacer? Con el mucho vagabundear se les desgastan la ropa y la salud, y, consumidos por la enfermedad y cubiertos de andrajos, ni los señores se dignan recibirlos ni se arriesgan a ello los campesinos. Bien saben estos que quienes se han criado viciosamente en medio del ocio y de los placeres, acostumbrados a portar espada y rodela, asestando al prójimo miradas de matón con aire desdeñoso, jamás servirán fielmente a un pobre si tienen que manejar pala y azadón por un mísero salario y con parco sustento.

—Así y todo —replicó aquel—, esta es la clase de hombres que habría que proteger de modo particular, porque precisamente de ellos, que son sujetos de mayores arrestos y condición que el artesano o el labriego, depende el nervio y fortaleza del ejército en caso de que estalle una guerra.

—Ciertamente —le contesté—; puestos a razonar así, por consideración a las guerras habría que proteger a los ladrones. Pero estad tranquilos: jamás careceréis de ladrones mientras mantengáis a esos individuos. Diré más: ni los bandidos resultan soldados faltos de coraje ni los soldados bandidos faltos de decisión; los dos oficios se armonizan estupendamente.

Sin embargo, este mal, frecuente entre vosotros, no es exclusivamente vuestro: lo sufren casi todos los pueblos. Esta ponzoñosa peste es aún más virulenta en Francia, que en tiempos de paz (si es que se puede hablar de paz) está infectada de mercenarios, y el país se encuentra sitiado por soldados a los que se recluta por creer —lo mismo que creéis vosotros— que es aconsejable alimentar a una servidumbre de vagos.

Se imaginan los tontisabios[15] que la seguridad de la patria estriba en tener siempre a punto guarniciones potentes y de confianza, sobre todo de veteranos. Como no se fían de la tropa bisoña andan buscando peleas para adiestrar a sus soldados, que degüellan gente sin ton ni son para evitar —como con ironía nos dice Salustio— que la inactividad les entumezca las manos y el ánimo[16]. Para desdicha suya aprendió Francia el mucho daño que acarrea el criar semejantes fieras; y el ejemplo de Roma, Cartago, Siria y otros muchos pueblos nos lo demuestra. En todos ellos, no solo fue derrocado el poder sino que los mismos campos y hasta las ciudades fueron arrasadas, una y otra vez, por los ejércitos montados para su defensa. No hay, pues, ninguna necesidad de mantenerlos, como lo prueba el hecho de que ni siquiera los soldados franceses, que se adiestran en las armas desde que los destetan, han podido jactarse de salir a menudo vencedores en los encuentros con vuestros reclutas. Y me callo, no vaya a parecer que trato de halagaros porque estáis presentes. Así y todo, no creo que a los artesanos de vuestras ciudades o a vuestros rudos y montaraces campesinos les atemoricen tanto esos criados haraganes de los señores, salvo a los que por invalidez física están faltos de fuerza y audacia, o quebrantados por la miseria de sus hogares. De modo que todos aquellos que se encuentran sanos y robustos (porque los señores no se dignan corromper más que a gente escogida), pero que ahora languidecen ociosos o se debilitan en tareas mujeriles, no correrían peligro de perder

---

[15] Moro emplea la palabra griega «morosofos», que pudiera también traducirse por «idiotas ilustrados». Palabra creada por Luciano de Samosata en el *Alejandro* y recogida por Erasmo en el *Elogio de la Locura*.

[16] «*ne per otium torpescerent manus aut animus, gratuito potius malus atque crudelis erat*» (*Catilina, 16*).

71

su hombradía si se les instruyese en oficios honrados para procurarse el sustento, o se les ocupara en trabajos varoniles. En todo caso, mantener una muchedumbre de esa calaña, por si se declara o no una guerra, en poco beneficia el interés general, me parece a mí; la guerra nunca llegará a estallar si no os da la gana. Esas gentes son las que corrompen la paz; y la paz es muchísimo más estimable que la guerra.

Pero no es esto solamente lo que les fuerza a robar. Hay, a mi entender, otra causa específica, propia de vuestro país.

—Y ¿cuál es? —preguntó el cardenal.

—Vuestras ovejas —le respondí—, que con ser tan mansas y parcas de alimentar, ahora, según cuentan, se están volviendo tan voraces y bravías que devoran hasta a los mismos hombres, y devastan y despueblan campos, casas y villas. En todas aquellas comarcas del reino en que se producía la lana más fina y, por consiguiente, la más apreciada, allí es donde nobles y señores, y hasta algunos abades —santos varones—, no satisfechos con las rentas y productos anuales que obtenían sus predecesores, ni contentos de llevar una vida de ociosidad y abundancia (lo cual no va en beneficio, sino en perjuicio del país) no dejan tierras para la labranza.

Todo lo cercan para pastos. Derriban casas, arrasan villas, y solamente quedan en pie las iglesias, como aprisco de ovejas. Y, por si fuera poco el terreno que se pierde en cotos y reservas de caza, aquellas buenas gentes hacen yermo de los lugares habitados y de lo que aún queda de tierra cultivable. De forma que para que uno de esos insaciables tragones —azote execrable de su patria— consiga concentrar parcelas son muchos los colonos que tiene que expulsar, cercando con una sola valla millares de yugadas de tierra. A los colonos se les enreda con engaño, se les doblega por la violencia o, cansados de aguantar ultrajes, se ven obligados a acceder a la venta de sus campos. De cualquier modo, han de emigrar estos pobres desgraciados: hombres, mujeres, maridos, esposas, huérfanos y viudas; y padres con hijos pequeñitos, familias más numerosas que ricas, ya que el campo exige muchos brazos. Se marchan, repito, de los hogares que les son familiares y a los que están habituados, sin hallar dónde acogerse. Todo su ajuar, de cuya venta no se sacaría mucho aun pudiendo esperar a encontrar comprador, tienen que darlo por una insignificancia ante la necesidad de desprenderse de él. Y, tras un corto vagabundeo, una vez que se lo han gastado, ¿qué han de hacer sino dedicarse al robo y que les cuelguen —con arreglo a la justicia, por supuesto—, o si no echarse a mendigar por los caminos? Aun así les arrojarán a la cárcel, por vagabundos, por andar de aquí para allá sin oficio fijo, cuando lo cierto es que, a pesar de su anhelo de encontrar trabajo, nadie les contrata. Ya no existe ocupación en las faenas del campo, que es a lo que están acostumbrados; ya no se siembra. Además, un solo pastor o un solo vaquero bastan para apacentar los rebaños en los pastizales, tierras que si se cultivasen requerirían muchos brazos para la cosecha.

Esto explica el porqué han encarecido los comestibles en tantos sitios; hasta el precio de la lana ha subido de tal modo que la gente pobre que trabaja en vuestro país en los obrajes del paño no pueden comprarlo, y muchos caen en el desempleo. Encima, luego de aumentar los terrenos dedicados al pasto, la peste se llevó consigo una infinidad de ganado ovino, como si Dios, para castigar la avaricia de los hombres, descargara una epidemia sobre las ovejas (aunque con mayor justicia hubiera caído sobre las cabezas de sus amos). Sin embargo, por mucho que aumente el número de ovejas no por eso bajará su precio. No cabría hablar en este supuesto de monopolio, ya que hay más de un vendedor, pero sí de que existe un oligopolio[17]. El ganado ha parado

---

[17] Oligopolio: palabra creada por Moro, que ve la subida de los precios en el mercado ganadero y la escasez de sus productos como consecuencia directa

en manos de unos pocos, gente acaudalada que no siente la urgencia de vender a menos que les venga en gana; y no tienen ganas de vender hasta conseguir el precio que les da la gana.

Mientras tanto, todas las demás clases de ganado, por idéntica razón, han alcanzado también altos precios; y esta situación se hace aún más grave, porque al destruirse las granjas y arruinarse la agricultura no hay quien se dedique a criar ganado. A aquellos ricachones que crían ovino les trae sin cuidado la cría del vacuno. Lo que hacen es comprar animalejos flacos y baratos en otras regiones, engordarlos en sus pastizales y revenderlos a buen precio. Lamentable situación que, según me temo, no se ha puesto de manifiesto en toda su crudeza por ahora. En efecto, solamente han subido los precios en los lugares en donde se revende el ganado; pero a medida que las remesas de ganado excedan las posibilidades de reponerlo con nuevas crías y disminuyan progresivamente las reses en los mercados adonde van a comprarlas, también allí se producirá una alarmante escasez. De manera que la desaforada codicia de unos pocos está destruyendo aquello que hace a vuestra isla acreedora al título de ser la más próspera del mundo.

Es el encarecimiento de los comestibles lo que obliga a los amos a despedir a todos los criados que pueden. Y estos, ¿qué van a hacer entonces —me pregunto yo— sino mendigar o darse al robo, salida mucho más natural entre gente de nobles arrestos?

Para colmo de desdichas, esa desgraciada pobreza va acompañada de un insensato afán de derrochar. Tanto los criados de los nobles, como los artesanos y hasta los patanes,

---

de las perturbaciones a que está sometido el mercado por el control que en él ejercen unos cuantos. Teoría muy difícil de demostrar en la historia económica de Inglaterra, donde los rebaños de ovejas siempre estuvieron muy repartidos por todo el país.

todas las clases sociales, en fin, se entregan a una escandalo-
sa ostentación en el vestir y a un exagerado refinamiento en
la mesa. Y, a más de esto, están los antros de liviandad, los
garitos y burdeles (y esos otros burdeles que son las tabernas
y las cervecerías), y tanto juego reprobable: dados, naipes,
cartas, pelota, bolos, tejo, ¿no son instrumentos propicios
para que quienes a ellos se consagran pierdan su dinero y
vayan por sus propios pasos camino del bandidaje?[18] Echad
fuera tan dañosa pestilencia. Dad leyes para que los que des-
truyeron granjas y aldeas las reconstruyan o cedan a quienes las rehagan, y a quienes estén dispuestos a repararlas.
Poned freno a esa tendencia de los ricos a comprar todo,
para acapararlo y ejercer una especie de monopolio. Que
sean menos los que se crían en el ocio. Que se restaure la
agricultura; que se restablezca la industria de la lana, para
que existan honrados oficios que ofrecer como trabajo a la
muchedumbre de los desempleados: a los que la pobreza
convirtió en ladrones y a quienes hoy día son vagabundos o
criados ociosos (unos y otros abocados a ser ladrones el día
de mañana). Tened por cierto que si no ponéis remedio a
estos males es inútil presumir de que administráis justicia al
castigar los robos. Esa función más tiene de aparente que de
justa y eficaz. Porque si permitís que tan mal se eduque a los
jóvenes, con el resultado de que su conducta se corrompa
desde la más tierna infancia, sin aplicarles un castigo hasta
que de adultos cometen delitos a todas luces previsibles en

---

[18] En Utopía los antros de liviandad y de ocio han sido eliminados: «no
hay pretexto que valga para la holgazanería: ni tabernas, ni cervecerías, ni rastro
de burdeles, ni lugares de corrupción, ni garitos ni escondrijos para reunirse.
Expuestos a la vista de todo el mundo, se ven obligados a cumplir bien con su
trabajo ordinario o a divertirse decorosamente» (Los viajes de los utopienses).
    Este es un texto, como otros muchos, en el que se enfrentan claramente
las sociedades cristianas y sus malas costumbres con la vida de los utopienses;
y el libro I con el libro II.

la mocedad, ¿qué estáis haciendo sino crear ladrones para luego ajusticiarlos?

Aún tenía yo la palabra cuando aquel jurisconsulto estaba ya preparando la réplica, decidido a adoptar para sí lo que es método usual entre disputantes: mostrarse más atentos a repetir lo expuesto que a refutarlo, porque buena parte de su prestigio reside en la memoria.

—Bien dicho —exclamó—. No está mal tratándose de un extranjero, cuya información es más bien de oídas, y sin tener exacto conocimiento de la situación; voy a aclarártela en pocas palabras. Primero recapitularé en su debido orden lo que nos has dicho; luego te indicaré los aspectos en los que tu desconocimiento de nuestra condición te ha inducido a error; y, finalmente, desmontaré toda tu argumentación para aniquilarla. Así que, comenzando con el primer punto de los prometidos: me parece que son cuatro los...

—Alto ahí —interrumpió el Cardenal—, con semejantes comienzos no llevas camino de responder en breves palabras. Por lo pronto se te dispensa de la molestia de contestar, pero se te reserva íntegramente esa obligación para la reunión próxima, que me gustaría tuviese lugar mañana, si es que no hay inconveniente por tu parte o por la de Rafael.

Y ahora, mi querido Rafael, tendría gran placer en oír por qué piensas tú que el robo no debe castigarse con la pena de muerte, y qué clase de castigo impondrías que fuera más conforme al interés social. Porque de seguro que no piensas que haya de quedar impune; si a la gente le da ahora por robar, cuando ello les acarrea la muerte, ¿qué fuerza o qué temor podría disuadir a los malhechores el día en que no arriesgasen su vida? Si se mitiga la pena, ¿no lo interpretarían como una especie de aliciente que les invita a cometer fechorías?

76

Sus posibles remedios

—Mírese por donde se mire, reverendísimo padre —le respondí—, me parece que quitar la vida a un hombre, por haber este quitado dinero, es absolutamente injusto. Pienso que todas las riquezas del mundo juntas no pueden ni compararse con una sola vida humana. Porque si se argumenta que con esa pena no se trata de reparar el robo del dinero sino la ofensa a la justicia y la violación de la ley, ¿no habría que calificar de suprema injusticia este supremo derecho? No es cosa de andar aprobando leyes rigurosas, como si fueran los decretos de Manlius[19], y echar mano a la espada a la más leve infracción; pero tampoco se trata de inspirarse en las máximas de los estoicos y medir por un mismo rasero todo tipo de ofensas, sin distinción alguna entre dar muerte a un sujeto o quitarle tan solo unas monedas. Entre estos dos hechos —si es que algo significa la equidad— no existe la menor semejanza o parangón.

Dios prohibió matar a nadie; y ¿vamos nosotros a matar así, a la ligera, a quien se apropia de unos dinerillos? Si ese mandato divino que prohibe matar lo entendemos como carente de validez siempre que una ley humana imponga la pena de muerte, ¿cómo impedir que los hombres resuelvan por ese mismo procedimiento la licitud del estupro, del adulterio o del perjurio? Si Dios ha quitado al hombre el derecho a disponer de la vida ajena, y también de la propia, ¿es que pueden acaso los hombres establecer por mutuo consenso las condiciones precisas para matarse unos a otros? Si así fuera, ¿no bastaría el mutuo consentimiento

---

[19] Era proverbial en la historia de Roma la rigidez, en la observancia de las leyes y en la conducta, de Manlius, cónsul en el año 362 a. de C., que tuvo que dejar el mando por su dureza con los soldados; y también de su hijo el cónsul Manlius Torquatus, 340 antes de Cristo, que sacrificó a su propio hijo en aras de la disciplina militar.

para eximir de aquel precepto a los esbirros que —sin existir ningún precedente divino al caso— ejecutan a los que por decisión de un hombre han sido condenados a muerte?[20] ¿Es que el precepto divino solamente tendrá validez en tanto en cuanto lo permitan las leyes humanas? Por ese camino vendríamos a parar en que serían los hombres quienes determinasen, en cualquier circunstancia, hasta qué punto es conveniente, acatar los mandatos divinos. En fin, la ley mosaica, aun siendo dura y estricta —como promulgada para esclavos, y esclavos testarudos—, no sancionaba el robo con pena de muerte sino con multa. No vayamos, pues, a pensar que Dios, que por su nueva ley de clemencia nos gobierna como hace un padre con sus hijos, haya otorgado más amplia licencia a fin de que nos ensañemos unos con otros.

He aquí las razones por las que considero injusto tal castigo. Y nadie ignora, pienso yo, lo absurdo y perjudicial que resulta para el orden social que se imponga la misma pena al ladrón y al homicida. Porque si un bandido se percata de que el riesgo que corre al ser condenado por un simple robo no es menor que el de haber cometido además un homicidio, esta consideración bastaría para incitarle a matar a una persona que, en otro caso, se hubiese contentado con desvalijar. Aparte de que, si se le prende, el peligro que le amenaza no es mayor de hecho, el asesinato le ofrece mayores garantías. En efecto, si elimina al testigo aumenta la probabilidad de que quede oculto el delito. De manera que

---

[20] El sentido del «*qui sine ullo exemplo dei eos interemerint*» es el de que, excepcionalmente, existen precedentes bíblicos, ya que hay casos en la Historia Sagrada en que el Señor manda ejecutar una sentencia de muerte. En determinadas circunstancias, la sentencia humana de muerte puede ser justa; otra cosa es si resulta conveniente o no el aplicarla. Dios es Señor de la vida humana, no los hombres; el hombre no puede proclamarse señor de vida y muerte: el suicidio y la eutanasia son contrarios a la ley divina.

Pero no es este el tema que se debate aquí, sino el caso concreto de si es justo y razonable aplicar la pena de muerte a los ladrones.

todo intento de aterrorizar a los ladrones con medidas de excesiva crueldad es en realidad una incitación a que acaben con la gente inocente.

Y pasando ahora a la tan debatida cuestión de qué castigo será el más conveniente, en mi opinión es bastante más fácil dar con uno apropiado que no el indagar acerca de los que no lo son. ¿Por qué dudar de la eficacia del procedimiento que ya de antiguo empleaban los romanos para castigar los crímenes, cuando esos grandes expertos en materia de gobierno estaban satisfechos de él? A los convictos de crímenes importantes les condenaban a las canteras y a las minas, sujetos a cadena perpetua.

A este respecto, pienso que la medida más aconsejable que haya adoptado pueblo alguno es la que practicaban unas gentes llamadas polileritas[21], como pude observar viajando por Persia. Se trata de una nación que no carece de cierta importancia y a la que no falta una buena organización; salvo el pago de un tributo anual al Rey de Persia, viven con entera libertad y con leyes propias. Estando alejados del mar, casi enteramente rodeados de montañas y contentos con unas tierras de no mal rendimiento, raro es que viajen a otras naciones o reciban visitas. Ateniéndose a una antigua tradición no buscan el ensanchar su territorio, fácilmente protegido de toda agresión por las montañas y por el impuesto que tributan al soberano. Llevan una vida placentera sin llegar a ser espléndida y, más que de fama o

---

[21] O «polyleritas»: del griego, πολύς mucho y ληγος necedad o bobada; es decir, gentes de costumbres tontas. En otro sentido, que hay que ser un tanto necio para creer en su existencia. Al igual que las naciones de los acorianos y de los macarenses, de los que se hablará más adelante, los polileritas constituyen una «utopía parcial» o «micro-utopía» por contraste con las sociedades europeas. Los polileritas viven geográficamente aislados y felices; a los ladrones no se les condena a muerte sino a trabajos forzados y servicios públicos; y son, hasta cierto punto, inexistentes o «utópicos», «pues nadie les conoce ni de nombre, excepto sus más próximos vecinos».

de gloria, disfrutan de felicidad hasta el punto de que me parece que nadie les conoce ni de nombre, excepto sus más próximos vecinos.

Pues bien, allí los convictos de robo deben devolver lo robado a su dueño, y no al príncipe como suele hacerse en otras partes. Estiman que este no tiene mejor derecho al objeto robado que el mismo ladrón. Y si el objeto ya no existiera, el valor en que se tase se deduce de la hacienda del ladrón, y el sobrante de esta pasa luego íntegramente a la esposa y a los hijos. A los ladrones se les condena a trabajos forzados, pero sin encerrarlos en un calabozo o cargarles con grillos, a no ser que el robo se haya cometido con violencia. Libres y sin cadenas se les destina a las obras públicas; y a los que rehúsan trabajar o se hacen los remolones, en lugar de cargarlos con más cadenas, los espabilan a latigazos. No sufren malos tratos si son diligentes en su tarea; se conforman con pasarles revista por la noche antes de encerrarlos en sus celdas. Salvo el trabajo ininterrumpido, su vida nada tiene de insoportable. La alimentación no es mala, ya que corre a cargo de la comunidad por tratarse de servicios públicos, aunque esto varía según los lugares. En algunos sitios los gastos para el mantenimiento se obtienen de limosna, recurso un tanto precario pero la mejor de las soluciones entre gente tan compasiva. En otros lugares destinan a ese fin parte de los ingresos públicos; y sitios hay en que para el mantenimiento se fija una determinada contribución por ciudadano. Existen incluso distritos donde no se les emplea en obras públicas sino que cuando un particular precisa de trabajador asalariado, se va al mercado a contratarlo por un jornal fijo, que es algo menor que la contrata de mano de obra libre, permitiéndosele además emplear el látigo para con los trabajadores perezosos. Con ello consiguen que nunca les falte faena y que todos, aparte del propio sustento, aporten algo al erario público.

Todos ellos —y ellos exclusivamente— llevan vestidos de un color determinado. No les rapan la cabeza sino que se les tonsura ligeramente por encima de las orejas, una de las cuales se la cortan un poquito. Está permitido que los amigos les den alimentos, bebidas y vestidos del color reglamentario; sin embargo, el entregarles dinero lleva aparejada la pena de muerte, tanto para el que lo da como para el que lo recibe; y tampoco es menor el riesgo a que se expone el hombre libre que por cualquier motivo reciba dinero de un condenado o el que los siervos (que así se llama a los condenados) se hagan con armas.

En cada una de las regiones llevan un distintivo especial, y el desprenderse de él acarrea la pena de muerte, como también el que se les vea fuera de su confinamiento o en comunicación con un siervo de otra región. El preparar una fuga resulta tan peligroso como llevarla a cabo, porque la complicidad en semejante proyecto significa la muerte, tratándose de un siervo; y la esclavitud si se trata de un hombre libre. Por otra parte, hay recompensas señaladas para los delatores: dinero en el caso de un hombre libre, y la libertad si es un siervo; y para ambos, el perdón y el descargo moral por haber sido cómplices. De esta manera nunca podrá ocurrir que resulte más seguro el poner en ejecución una mala idea que no el arrepentirse de ella.

Tales son —como os he expuesto— la ley y las disposiciones aplicables en esta materia; y es a todas luces obvio lo mucho que tienen de humanitarias y eficaces. Porque con su rigurosidad lo que se persigue es extirpar los vicios y respetar a las personas, actuando de forma que se les fuerce a una buena conducta y a que hagan por el resto de sus vidas una reparación tanto mayor cuanto mayores fueron los daños causados en el pasado. No existe tampoco el temor de que vuelvan a sus malas andanzas; hasta los viajeros que emprenden un viaje consideran a esos siervos como guías

81

de confianza, aunque tengan que reemplazarlos al pasar de una a otra región. Si se les ocurriera cometer un acto de bandidaje, no tendrían ninguna oportunidad de hacerlo: no empuñan armas; el poseer dinero sería prueba suficiente de delito; si se les prende, les espera el castigo; y no tienen escapatoria posible. ¿Cómo se las van a componer para que no se descubra su fuga si el vestido de esa gente en nada se parece al de los demás?; a no ser que escapen desnudos, pero aun así sus propias orejas delatarían al prófugo. Podríamos imaginar que se llegase a una peligrosa confabulación contra el Estado, pero no tendría la más remota esperanza de éxito de no haber un entendimiento previo en que se solicitase la ayuda de los siervos de otras regiones, que están muy lejos de poder conspirar cuando ni siquiera se les permite reunirse, hablar o saludarse unos a otros. Tampoco es concebible que en semejante situación confíen temerariamente su proyecto a los otros compañeros, sabiendo lo peligroso que es guardar silencio y los enormes beneficios ofrecidos al delator; aparte de que a nadie se le priva totalmente de la esperanza de poder recobrar algún día su libertad, si a fuerza de mostrarse obediente y sumiso da pruebas de futura enmienda. De hecho, no hay año en que no se libere a algunos gracias a su paciente comportamiento.

Dicho esto, añadí luego que no veía razón para que este método no se implantase también en Inglaterra, con lo que se lograrían mejores resultados que los obtenidos con esa justicia tan elogiada por el jurisperito de marras. A lo cual, el jurisperito en cuestión me replicó:

—Jamás podría implantarse un sistema así en Inglaterra sin exponer al Estado a terribles peligros.

Y, diciendo esto, sacudió la cabeza, hizo una mueca y, acto seguido, enmudeció. Todos los allí presentes se pusieron de su parte. Y entonces intervino el Cardenal:

—No es fácil —dijo— pronosticar si los resultados serán buenos o malos, en tanto no se intente una prueba. Cabría poner en práctica ese método cuando, después de haberse dictado una sentencia de muerte, el rey—una vez restringido el derecho de asilo[22]— mande diferir su ejecución. Solamente entonces veríamos si funciona de verdad ese sistema y si procede el implantarlo legalmente. En caso contrario, el tener que ejecutar a los que ya habían sido condenados a muerte no supondría, por lo que respecta al bien de la sociedad, mayor ni menor injusticia que si se hubiese cumplido antes la sentencia. Ningún riesgo se corre haciendo entretanto la prueba. Es más, estoy seguro de que no existiría grave inconveniente en tratar de igual modo a los vagabundos. Mucho se ha legislado sobre ellos sin que hasta el presente hayamos adelantado nada.

No había terminado de decir esto el Cardenal cuando ya estaban todos porfiando en alabar aquello mismo por lo que mostraron desprecio cuando era yo quien lo sostenía, y en especial lo referente a los vagabundos, ya que se trataba de una aportación particular del Cardenal.

Interviene un bufón

Y no sé si será mejor o no callar lo que luego sucedió, por lo que tiene de ridículo; pero ya que nada de malo hay en ello y algo tiene que ver con nuestro tema, lo contaré[23].

---

[22] El derecho de asilo era comúnmente practicado por entonces en Inglaterra por asesinos, ladrones y deudores, aparte de quienes se ponían así fuera del alcance de sus enemigos. Ya en tiempos de Enrique VII se había reducido considerablemente este privilegio en caso de determinados crímenes, cuando se abusaba de él para burlar a la justicia (y a esto se refiere aquí el Cardenal). Moro, en su *Ricardo III,* trata del asilo en Westminster.

[23] La narración en este punto adquiere tonos erasmianos. Con el tiempo, habiendo cambiado las circunstancias históricas, se suprimen estas páginas en

El hecho es que se encontraba allí casualmente cierto parásito que pretendía dárselas de bufón, y en sus serios remedos resultaba realmente bufonesco. Trataba de provocar la risa con unos chistes tan insulsos que más a menudo se reían de él que de sus gracias, aunque de vez en cuando se le escapaban observaciones muy atinadas, como en corroboración del refrán que dice: a fuerza de echar los dados, sale por fin la suerte de Venus[24].

Pues bien, uno de los comensales estaba diciendo que gracias a mi discurso se había llegado a una aceptable solución en cuanto a los ladrones y que, puesto que el Cardenal se había ocupado de lo concerniente a los vagabundos, quedaban tan solo por arbitrar las medidas públicas para los que por enfermedad o vejez se hallaban en la miseria y eran incapaces de ganarse la vida trabajando.

—Eso dejádmelo a mí —dijo el bufón—, que yo me encargo de poner un buen remedio. Estoy que ardo por perder de vista a esa gentuza. No hay ocasión en que no me acosen con sus pedigüeños lloriqueos, pero sin haber conseguido todavía sacarme una moneda con esa música celestial tan desafinada. Siempre se me presenta una alternativa: o bien no tengo ganas de dársela, o no me es posible dársela por no llevar con qué. Y ahora ya van haciéndose a la idea. Cuando me ven pasar a su lado, como no les compensa el esfuerzo, me dejan desfilar sin abrir la boca. Nada esperan de mí, vive el cielo; ¡menos que si se tratara de un clérigo! Bueno, pues yo daría una ley por la que se alistara a todos esos mendigos,

---

algunas ediciones. Por ejemplo, en la edición de Lovaina de 1566, todo el relato desde el «no sé si será mejor o no callar lo que luego sucedió»; y en la de Colonia de 1629, se suprime desde: «a cierto teólogo, que era fraile, le hizo tanta gracia» hasta el «se levantó de la mesa, se despidió de nosotros». La traducción castellana de Medinilla y Porres (*La Utopía de Tomás Moro*, Córdoba, 1637) contiene solo el segundo libro de la *Utopía*, y este no completo.

[24] Cuando al tirar los dados aparece una serie continua de números distintos.

repartiéndolos por los monasterios benedictinos; a ellos se les haría hermanos legos, como les dicen; en cuanto a las mujeres, mandaría que se hiciesen monjas.

Sonrióse el Cardenal y lo dejó pasar, tomándolo a broma; y así también los demás, aunque tomándolo en serio. Pero a cierto teólogo, que era fraile, le hizo tanta gracia la alusión a los clérigos y a los monjes que, aun siendo hombre seco y casi ceñudo, se animó a correr la broma.

—Ni aun así te librarás de los mendigos —le dijo—, si no tomas antes tus medidas con nosotros, los frailes mendicantes.

—Eso es asunto resuelto —contestó el parásito—. Excelentes son las disposiciones que ha dictado el Cardenal respecto a vosotros, mandando echar mano a los vagabundos y poniéndoles a trabajar. Vosotros sois la flor y nata de los vagabundos.

Cuando los asistentes, con los ojos clavados en el Cardenal, vieron que este no desaprobaba la respuesta, empezaron a echarla a buena parte; todos menos el fraile. El cual, como no es de extrañar, tanto se indignó y sulfuró con esa rociada de vinagre, que no había modo de contener sus insultos. Llamó a aquel individuo granuja, entrometido, calumniador e hijo de perdición, en medio de terribles amenazas sacadas de la Sagrada Escritura.

Con esto, el guasón, encontrándose en su propio elemento, comenzó a guasearse de veras:

—No montéis en cólera, buen hermano fraile —le decía—, que escrito está: «Con vuestra paciencia poseeréis vuestras almas»[25].

A lo que el fraile replicó (y recojo textualmente sus palabras):

---

[25] *San Lucas* XXI, 19.

—No me encolerizo, bellaco, o por lo menos no peco; ya lo dice el salmista: «Airaos, pero no caigáis en pecado»[26].

Advirtió entonces el Cardenal delicadamente al fraile que se sosegara; pero este le contestó:

—No, señor mío; yo no hablo más que movido por un celo bueno, como debe ser. Buen celo tenían los justos; y por eso se dice: «El celo de tu casa me consume»; y en las iglesias se canta: «Se mofaban de Eliseo / al ir al templo de Dios; / sufrirán de un calvo el celo...»[27]; y también lo va a sufrir este bromista. ¡So guasón, so granuja!

—Es posible que obres con buenos sentimientos —dijo el Cardenal—; pero me parece que, con toda seguridad, tu comportamiento, si no más caritativo, sería más prudente si evitases competir con un tonto ridículo, provocando una estúpida disputa.

—No, señor mío; ese no sería el modo de obrar con más prudencia, porque el gran sabio Salomón en persona dijo: «Contesta al necio según su necedad»; y eso es lo que yo hago ahora, mostrándole la fosa en que va a caer si no se anda con cuidado. Porque si numerosos eran los que se burlaban de Eliseo —que a fin de cuentas era un solo calvo—, y todos

---

[26] *Salmo* IV, 5.

[27] Todo el relato gira alrededor de un juego de equívocos, en el que las palabras «celo» y «crimen» (*scelus*) están entrelazadas humorísticamente. Se hace una cita del salmo LXVIII, 10 («el celo de tu casa me consume») y otra de un himno medieval de tiempo pascual (*Irrisores Elisaei, dum conscendit domum Dei, zelum calvi sentiunt*), que recoge la historia del profeta Eliseo y los cuarenta y dos niños devorados por osos cuando se burlaban del profeta, que fatigosamente subía la cuesta que conducía a Bethel, gritándole: «¡sube, calvo, sube!» (*IV Reyes,* 2, 23). La broma consiste en que el fraile, calvo (por la amplia tonsura monacal de entonces), confunde los casos gramaticales de las palabras *zelus* (celo; masculino de la segunda declinación) con *scelus* (crimen; neutro de la tercera), y dice *«zelus calvi sentiunt»* en lugar de *zelum calvi sentiunt;* y más adelante *«senserunt zelus calvi»*, con lo que, unido a una confusión de sonidos de la *z* y *sc* se viene a parar en un gran disparate: las consecuencias del «crimen del calvo».

ellos sufrieron el celo del calvo, cuánto peor lo va a pasar un solo guasón cuando se mofa de multitud de frailes entre los que hay tanto calvo. Y además tenemos un bula papal por la que se excomulga a todos los que se burlen de nosotros.

Viendo el Cardenal que aquello no acabaría allí, con un gesto de cabeza hizo que se retirara el parásito y, con mucho tacto, desvió la conversación hacia otro tema. Y poco después se levantó de la mesa, se despidió de nosotros y se fue a atender a quienes venían para tratar con él algunos asuntos.

Ambición y avaricia de los reyes y de sus consejeros

—Siento, mi querido Moro, que hayas tenido que aguantar tan largo discurso. Vergüenza me hubiese dado hablar tanto de no habérmelo pedido con tal insistencia y prestado tanta atención que parecías oyente que no quiere perderse ni un solo detalle del relato. Más breve podría haber sido la exposición, pero era necesario referir las opiniones de quienes rechazaban mis argumentos al tiempo de exponerlos y cómo, acto seguido, cambiaban de opinión, al ver que el Cardenal no los desaprobaba; y le daban la razón hasta el punto de encontrar plausibles, por halagarle, las ocurrencias del parásito, que hasta tomaban en serio cuando su señor, bromeando, no las rechazaba. Por donde puedes deducir el aprecio que la gente de la corte iba a tener por mi persona y mis consejos.

—De verdad, querido Rafael —le dije—, ha sido un auténtico placer oírte contar todo con tanto ingenio y gracia. Además, mientras hablabas, imaginaba hallarme en mi patria y hasta revivir mis años mozos con esa grata evocación del Cardenal en cuya corte me eduqué de niño. No sabes bien, querido Rafael, hasta qué extremo tu entrañable memoria de aquel hombre ha hecho crecer en mí el afecto que por ti siento, que ya era grande. Pero, con todo, no me harás cambiar de parecer. Creo, sinceramente, que si te persuadieras a no sentir aversión por las cortes de los príncipes prestarías un grandísimo servicio al bienestar social; y esto, que es deber de todo hombre honrado, a ti te incumbe de manera muy particular. Si tu admirado Platón opina con acierto que no se logrará la felicidad en los Estados hasta que reinen los filósofos o los reyes se hagan filósofos[28], ¡qué lejos estamos de tal felicidad cuando los filósofos no se dignan siquiera dar consejos a los reyes!

—No son tan desdeñosos, no —replicó Rafael—, como para no prestarse buenamente a dar consejos. Muchos de ellos los han dejado en libros ya publicados. Otra cosa es que los que manejan el poder estén dispuestos a seguir su buen consejo. Platón andaba en lo cierto, indudablemente: de no hacerse ellos mismos filósofos, los reyes (que desde su misma infancia se hallan empapados y viciados por nefastas doctrinas) jamás aprobarán del todo los consejos de los filósofos; y por propia experiencia lo comprobó en el caso de Dionisio el tirano[29].

Si yo propusiera a un rey medidas saludables e intentara desarraigar de su alma los perniciosos gérmenes de la maldad, ¿no crees que me expulsaría inmediatamente?; haría el ridículo. Vamos a suponer que me encuentro en la Corte del Rey de Francia, sentado entre la gente de su Consejo, que con el mayor secreto preside el monarca en persona, rodeado de los más sagaces varones del reino. Se discute a conciencia de intrigas y medios para retener el

---

[28] La referencia es a la *República* (V, 473) de Platón: «a menos que los filósofos vengan a ser los reyes de nuestras ciudades, o bien esos que llamamos reyes y príncipes se entreguen de verdad y seriamente a la filosofía, unificando filosofía y poder político; y a no ser que a los numerosos sujetos que actualmente persiguen la política o la filosofía, con exclusión de una u otra, se les desvíe de por fuerza de tal propósito, no cesarán los males en nuestras ciudades ni, pienso yo, en la humanidad».

[29] Dionisio, tirano de Siracusa (405-367 a. de C.), a quien no consiguió convencer Platón con sus teorías y del que se dice que vendió a Platón como esclavo en uno de sus viajes.

Milanesado y recobrar Nápoles, que se les escapa de las manos; y el cómo destruir Venecia y subyugar toda Italia; y el modo de someter después Flandes, y el Brabante y, finalmente, toda la Borgoña; amén de otras naciones que el Rey tenía intención de invadir[30].

En esto, uno sugiere hacer alianza con los venecianos, pero sin que dure más tiempo del que sea preciso; se les informará sobre su intención, depositando incluso bajo su custodia parte del botín de guerra, pero todo de forma que una vez alcanzado el objetivo previsto se les pueda volver a reclamar.

Otro aconseja alistar mercenarios germanos; otro, atraerse a los suizos con dinero; y un tercero, que se haga una ofrenda de oro al numen de su Imperial Majestad para ganarse así su benevolencia; mientras que hay quienes piensan que debe llegarse a un acuerdo con el Rey de Aragón y cederle como prenda el reino de Navarra (que no le pertenece)[31]; sin que falte quien estima que podría implicarse al príncipe de Castilla mediante promesa de enlace matrimonial y captar, por medio de pensiones fijas, a algunos nobles de aquella corte para el partido del rey.

Entonces es cuando llegamos al nudo de la cuestión: ¿qué hacer entretanto con Inglaterra? Habrá que tratar irremediablemente de la paz, estrechando con fuertes vínculos una alianza que siempre ha resultado precaria. Habrá que llamarles amigos, pero desconfiando de ellos como ene-

---

[30] Este afán de dominio, extensión de fronteras y anexión de reinos y principados vecinos, representa la ambición de los reyes y soberanos renacentistas. Esta página retrata la política francesa de Luis XII y Francisco I, con inmediata anterioridad a la primera edición de la *Utopía*. Maniobras que conducirán a la rivalidad y guerras entre Carlos I y Francisco I por el dominio de Italia, y a la batalla de Pavía (1525) en la que será hecho prisionero el rey francés.

[31] Esta referencia parece indicar que estas líneas están escritas entre la anexión del sur de Navarra a la Corona de Castilla en 1515 y la muerte de Fernando el Católico, Rey de Aragón y Regente de Castilla, en enero 1516.

migos que son; por lo tanto, que se mantengan alertas y en retén los escoceses, dispuestos a intervenir en cualquier contingencia, para caer sobre los ingleses en cuanto rebullan. También convendría instigar secretamente —ya que los pactos no permiten hacerlo a las claras— a algún noble exiliado con pretensiones a la corona, de forma que gracias a ese agarradero se mantenga trabado a un rey que no es nada de fiar.

En tal sazón, y metido en tamañas empresas, y con tanto ilustre varón porfiando entre sí por dar consejos bélicos, ¿qué pasaría si yo me levanto —desgraciado de mí— y sugiero dar marcha atrás? Aconsejaría que lo mejor es olvidarse de Italia y quedarse en casa; les diría que el reino de Francia es ya de por sí más grande de lo que una sola persona puede buenamente gobernar, y que su rey debería abandonar el proyecto de anexionar otros nuevos. ¿Qué pasaría si les propusiera la decisión adoptada por los acorianos[32], un pueblo situado frente a la isla de Utopía, hacia la parte del sudeste?

Esas gentes se encontraban antaño en guerra con el fin de que su rey se hiciese con otro reino, sobre el que alegaba tener derechos hereditarios en virtud de antiguo parentesco. Pero, una vez logrado, se percataron de que su conservación entrañaba no menores dificultades que la conquista. Los brotes de amenaza eran incesantes, ya de rebeliones internas ya de invasiones desde el exterior, sin que se presentara ocasión de licenciar a las tropas. Y mientras tanto se iban arruinando: el dinero salía fuera del país; derramaban su sangre en aras de la gloria ajena; no terminaba de consolidarse la paz; con la guerra se estaban corrompiendo las costumbres

---

[32] Acorianos o acorienses, del griego: α, sin; y χωρος lugar, tierra. Se trata, pues, de gente sin lugar de residencia, sin tierra en que habitar, que no vive en parte alguna. Es la referencia a una segunda Utopía parcial.

patrias; el afán de robo prendía por todas partes; con los continuos asesinatos se fomentaban más osadías; y la ley caía en el desprecio. Todo porque el monarca, con la atención dividida entre dos reinos, no podía ocuparse debidamente ni del uno ni del otro. Hasta que por fin, viendo que no había medio de acabar con tanto mal, deliberaron en consejo y, muy finamente, presentaron al rey la alternativa de quedarse con uno de los reinos, el que prefiriese. Imposible conservar los dos; eran demasiados súbditos como para que los gobernara medio rey; era como tener que compartir con otro los servicios de un palafrenero; nadie lo sufriría. Y así fue cómo obligaron al bueno del rey a contentarse con su viejo reino, dejando el nuevo a uno de sus amigos (el cual fue expulsado de allí poco más tarde).

También les expondría que todos aquellos proyectos guerreros producirían el caos en muchas naciones, por culpa del rey; y que, aunque se lograra cierto éxito, el resultado sería desastroso: porque el erario público quedaría exhausto y el pueblo destrozado. Más le valiera, por lo tanto, ocuparse del reino de sus antepasados: que lo ennoblezca y haga prosperar en cuanto pueda; que ame a sus súbditos, y que estos le amen; que con ellos conviva y los gobierne dulcemente; y que deje en paz a los demás reinos, que con lo que le ha cabido en suerte le sobra y basta.

¿Cómo crees, querido Moro, que acogerían mi discurso?

—No lo escucharían muy complacidos, la verdad —le respondí.

—Bien, prosigamos —dijo—. Imaginemos que unos consejeros tratan y deliberan con su rey sobre las mañas a emplear para colmar las arcas reales.

Uno le aconseja que, en caso de tener que efectuar un pago, suba el valor legal de la moneda; y que rebaje su justo valor cuando sea él quien ha de percibir un cobro. De este modo, con un pequeño desembolso podrá satisfacer deudas elevadas; y, en cambio, recibirá grandes sumas de dinero aun cuando realmente sea poco lo que se le debe.

Otro le sugiere que finja entrar en guerra y que exija, con tal pretexto, contribuciones pecuniarias; y más tarde, llegado el momento oportuno, haga la paz en medio de grandes ceremonias religiosas que deslumbren a la plebe y realcen el prestigio de un monarca piadoso, que se ha movido a compasión ante el derramamiento de sangre. Un tercero trae a su memoria la existencia de ciertas leyes, anticuadas y roídas por la polilla, tiempo ha prescritas por desuso, y que todo el mundo ha violado sin que nadie recuerde su promulgación. Por consiguiente, cóbrense las multas en que han incurrido. Esta fuente de ingresos, además de resultar cuantiosa, es muy honorable, pues va revestida de justicia.

Este otro le recomienda que prohiba, bajo pena de fuertes multas, algunas prácticas, en especial aquellas cuya condena no afecte al pueblo; y que luego, a cambio de dinero, dispense a quienes se vean perjudicados en sus intereses por tal medida. Con ello se capta el favor popular y se recauda por doble conducto: por una parte, multando a los que por afán de lucro han venido a caer en la trampa tendida; y, por otra, vendiendo a alto precio los privilegios (y cuanto más caros los vende, por más virtuoso será tenido el príncipe; porque si, a pesar suyo y en contra del interés general, concede dispensa a los particulares, no sería bueno que lo hiciese si no es a costa de una buena suma de dinero).

Aquel otro convence al rey de que mantenga a los jueces sometidos a su voluntad y en disposición de fallar las causas en favor de la realeza. Y para ello ha de traérselos a palacio, invitándoseles a que discutan en su presencia los asuntos de la corte; de este modo no habrá causa suya, por injusta que parezca, en la que uno de esos jueces (ya sea movido por espíritu de contradicción, o por el prurito de no repetir lo ya dicho, o por granjearse el favor del rey) no encuentre un resquicio para defender dicha causa con artimañas. De forma que al sostener los jueces opiniones encontradas sobre puntos de obvia claridad, llegará a ponerse la verdad en tela de juicio, y el rey dispondrá así de un fácil asidero para que interpreten la ley a su favor; por vergüenza o por miedo todos se avendrán a ello, y el tribunal podrá dictar luego sentencia sin pararse en barras. Nunca faltan, en efecto, argumentos para pronunciarse a favor del rey: basta contar con la equidad, o con algún texto legal, o con un forzado sentido literal, o con lo que, en última instancia, para todo juez concienzudo está por encima de cualquier ley, a saber: las prerrogativas indiscutibles de la Corona.

Todo el mundo se mostrará conforme y concorde con el dicho de Craso: «Al jefe que tenga que mantener un ejército nunca le sobrará dinero» [33]; aparte de que un rey, aunque quiera, no puede cometer injusticias; porque suyos son los bienes de todos sus súbditos, incluso sus personas; y, por tanto, nadie debe considerar como verdaderamente propio sino aquello de lo que no ha sido privado por la bondad del rey; y mucho importa al soberano que eso poco sea lo mínimo indispensable, ya que la solidez de la Corona depende de que el pueblo no se entregue al goce de las riquezas y de la libertad. Porque tales licencias les mantendrían menos dispuestos a aguantar el rigor y la injusticia del poder, mientras que, por el contrario, la pobreza y la privación abaten el ánimo, acostumbran al sufrimiento, y arrancan a los sojuzgados el espíritu de gallardía para rebelarse.

Pues bien, imagínate que en estas me levanto otra vez y mantengo que todos esos consejos que dan al rey son inmo-

---

[33] Marcus Licinius Crassus, que formó parte del triunvirato con Pompeyo y Julio César, era el ciudadano más rico de Roma. Plinio, en su Historia Natural (XXXIII, 10), recoge este dicho, aunque por las palabras que usa Hythlodeo más bien parece proceder de Cicerón: «*Crassus negabat ullam satis magnam pecuniam esse ei... cuius fructibus exercitum alere non posset*» (*De officiis*, I, 8, 25).

93

rales y desastrosos; y que no solamente su honor sino hasta su misma seguridad se halla más firmemente asentada en la riqueza del pueblo que no en la suya. ¿Qué pasaría si les probase que la elección de monarca se hace para beneficio propio y no del rey; es decir, para que con el trabajo y dedicación de este puedan ellos vivir cómodamente y al resguardo de injusticias? Un rey antes debe ocuparse del bienestar de su pueblo que del suyo particular. Su oficio, propiamente, es el de pastor: apacentar las ovejas y no apacentarse a sí mismo, en tanto sea pastor[34]. Y en lo de que la pobreza del pueblo es garantía de paz, la vida misma desmiente tamaño error. Porque, ¿dónde se dan más riñas que entre mendigos?; ¿quiénes más interesados en un cambio social que los descontentos de su actual situación?; en fin, ¿quién con mayor audacia y agresividad para trastornarlo todo que el que espera sacar provecho sin tener nada que perder?

Si existiese un rey tan despreciado y odiado por sus súbditos que para mantenerlos sumisos tuviera que recurrir a los malos tratos, a la exacción y a las confiscaciones, reduciéndolos a la indigencia, mejor sería que abdicase en lugar de conservar la corona por tales procedimientos; porque con ello mantendría una autoridad puramente de nombre, pero despojada de su majestad. Es impropio de la dignidad de la realeza que ejerza su imperio sobre mendigos y no sobre gentes prósperas y felices. De esta misma opinión, por cierto, era Fabricio, varón noble y de egregio temple, al decir que prefería mandar sobre ricos a ser rico él[35].

---

[34] La figura del rey como pastor de su pueblo es clásica en la antigüedad, y se continúa en los tratados medievales y renacentistas. Aquí está, probablemente, tomada del profeta *Ezequiel* (34, 2): «*Vae pastoribus Israel, qui pascebant semetipsos; nonne greges a pastoribus pascuntur?*»

[35] Esta anécdota se atribuye a Manius Curius Dentatus por algunos autores latinos (Valerio Máximo, Cicerón, Plinio). Aulo Gelio la atribuye erróneamente a Fabricius (*Noches Áticas*, I, 14).

La verdad es que si alguien nadase en placeres y deleites, mientras a su alrededor todo son gemidos y lamentaciones, ese tal no sería guardián de un reino sino de una cárcel. En fin, médico que no sepa curar una enfermedad sin provocar otra es incompetente de remate; y así también, quien no sabe reformar las vidas de los ciudadanos si no es privándoles de los medios de bienestar, ese tal debe reconocerse como inepto para gobernar a hombres libres. Más le valiera, pues, corregir su desidia y engreimiento, que son vicios que suscitan el desprecio y aborrecimiento del pueblo. Que viva honradamente de lo suyo, ajustando sus gastos a sus ingresos; que refrene la delincuencia, dictando oportunas providencias para gobierno de sus súbditos, en lugar de permitir que se consolide lo que luego tendrá que castigar. Que no cometa la imprudencia de reimplantar leyes que por desuso perdieron su vigencia, sobre todo las que fueron largo tiempo atrás abandonadas y por las que nadie siente nostalgia. Y que no se apropie jamás por confiscación de unos bienes que, si se tratase de una persona privada, ningún juez toleraría semejante injusticia y abuso.

Y ¿qué pasaría entonces si les manifestara la ley de los macarenses, pueblo no muy distante de Utopía[36]? Su rey, el día mismo en que accede al poder, se compromete por juramento —luego de una solemne ceremonia sacrificial— a que en ningún momento se guarde en las arcas públicas más de mil libras de oro, o la cantidad de plata equivalente a ese oro. Según dicen, fue un rey excelente quien así lo dispuso, más atento al bien de su patria que a su hacienda particu-

---

[36] Como en el caso de los polileritas y acorianos nos hallamos con otro pueblo utópico, preanuncio de la isla de Utopía en lo que tiene de ejemplar, que consiste aquí en la política monetaria y en las limitadas contribuciones al erario estatal. También el nombre de los macarenses (μάχαϱ en griego significa dichoso, bienaventurado) está envuelto en ironía; y en cuanto a su existencia y localización, se nos dice que es una nación «no muy distante de Utopía».

lar; todo con objeto de impedir grandes atesoramientos de moneda, con la consiguiente falta de dinero metálico entre el pueblo. Al parecer, ese tesoro era suficiente para que el monarca reprimiera rebeliones internas o se enfrentara a las invasiones de enemigos del exterior; en cambio, resultaba insuficiente como para animarle a invadir territorios extranjeros (razón principal que le movió a dictar dicha ley), y era medida previsora para que en las transacciones corrientes de los ciudadanos no faltase moneda en circulación; aparte de que, estando obligado el rey a disponer de todo excedente que rebasase el límite legal del tesoro, no andaría buscando ocasión de cometer injusticias. Semejante rey inspiraría terror a los malos y amor a los buenos.

Si yo tratara, pues, de inculcar estas y parecidas ideas a personas que piensan decididamente todo lo contrario, ¿no estaría predicando a oídos sordos?

El puesto del filósofo no está en la Corte

—Más sordos que una tapia, sin duda—le repliqué—; y no me sorprende nada. Pero, si he de hablarte con sinceridad, tampoco me parece conveniente que espetes tales sermones y des tales consejos; no te los van a admitir, puedes estar seguro de ello. Y ¿vale la pena? ¿Acaso es posible sugerir pensamientos novedosos a gentes obsesionadas y convencidas de todo lo contrario? En una conversación familiar, entre amigos íntimos, esos argumentos escolásticos no carecen de cierto atractivo; pero en los Consejos Reales, donde se ventilan asuntos de gran peso y con gran autoridad, no caben tales lucubraciones.

—Es lo mismo que yo venía diciendo —respondió él—. En el trato con los reyes está de más la filosofía.

—Sí, por supuesto —le contesté—. No hay que pensar en ese género de escolástica que pretende resolver a troche y moche cualquier problema con especulaciones a su antojo[37]. Sin embargo, existe otra filosofía de más alto nivel ciudadano, que conoce y se acomoda muy bien al escenario para representar con decoro y soltura su función. Esa es la filosofía que debes practicar. De otra forma sucedería algo así como si en medio de la representación de una comedia de Plauto, mientras los esclavos gastan bromas, apareces tú en el proscenio con atuendo de filósofo declamando aquel pasaje de la Octavia en que Séneca discute con Nerón[38]. ¿No sería preferible que hicieras un papel mudo en vez de provocar una tragicomedia recitando una extravagante parrafada? Echarías a perder la pieza representada, la trastornarías mezclando cosas dispares aun cuando tu contribución fuese de superior calidad. Cualquiera que sea tu papel, hazlo lo mejor que puedas, pero no perturbes toda la función si se te ocurriese algo que juzgas más refinado.

Así pasa con los asuntos de Estado; lo mismo sucede en los Consejos de los reyes. Ante la imposibilidad de arrancar de raíz desviadas opiniones o de poner remedio —según tu buen parecer— a las malas prácticas arraigadas con el uso, no por ello hay que abandonar al Estado; tampoco se abandona una nave en caso de tempestad, al no ser posible

---

[37] En el ladillo se dice *Philosophia scholastica*, con el sentido de filosofía especulativa o conocimientos teóricos. Contrapuesta a otra filosofía «de más alto nivel ciudadano», esto es, a la filosofía práctica o arte de gobierno.

[38] En la tragedia *Octavia,* atribuida a Séneca, se tratan serios temas: la avaricia, la inclinación guerrera, la sensualidad, etc. En el fondo, en este presentarse inopinadamente en escena para hacer tragicomedia, parece haber un recuerdo de Moro cuando en medio de las representaciones en el palacio del cardenal Morton aparecía en escena intercalando versos o frases que no venían a cuento, con gran regocijo de los asistentes (cfr. William Roper, *The Lyfe of Sir Thomas Moore,* edición crítica de E.V. Hitchcock, Early English Text Society, Londres, 1958, p. 5).

gobernar los vientos. No trates, pues, de inculcar ideas novedosas y peregrinas, que carecen de peso —como es sabido— ante quienes están convencidos de todo lo contrario. Has de intentar, más bien, un método indirecto, arreglándotelas para actuar con mucho tacto; y si no logras que lo malo se torne bueno, haz por lo menos que el mal se limite al mínimo[39]. Resulta imposible que todo marche bien mientras no todos sean buenos, lo cual no es de esperar que ocurra hasta dentro de algunos años.

—Por ese procedimiento —contestó—, si me meto a curar su locura no voy a conseguir otra cosa que caer en su misma demencia. Porque, puestos a decir la verdad, no tendré más remedio que expresarme como lo he hecho. No sé si el mentir sienta bien a un filósofo; a mí, desde luego, no. Quizá mi discurso se les haga desagradable y molesto, aunque no veo bien por qué haya de parecerles extraño hasta el punto de sonar disparatado. Si les contase todo lo que Platón traza en su República o cómo actúan las gentes de Utopía en la suya, aun admitiendo que las instituciones de estos últimos sean mejores —y lo son, por cierto—, es posible que a ellos les parecieran extrañas; porque mientras que aquí las cosas que uno posee son privadas, allí todos los bienes son comunes.

Cierto que mi discurso no va a hacer ninguna gracia a quienes han decidido lanzarse por la senda opuesta, por ser una llamada de atención que les señala los peligros al paso; pero, eso aparte, ¿qué hay en él que no sea conveniente u oportuno pregonar por todas partes? Claro que si tuviésemos que callarnos —como si se tratara de algo insólito y absurdo— todo lo que las costumbres depravadas de los

---

[39] Santo Tomás de Aquino en *De regimine principum* (I, 5) establece que cuando no hay más remedio que elegir entre dos situaciones de las que se sigue un peligro inminente, *«illud potissime eligendum est, ex quo sequitur minus malum»*.

hombres han dado en considerar chocante, los cristianos tendríamos que silenciar casi todas las enseñanzas de Cristo. Cosa que expresamente prohibió al mandar que se predicara públicamente desde los terrados lo que había susurrado al oído de los suyos. La mayor parte de sus enseñanzas está bastante más alejada de las costumbres de esa gente que mi propio discurso. Con todo, no faltan predicadores —gente astuta— que parecen haber seguido tu consejo: viendo estos lo duro que resulta a los hombres ajustar sus costumbres a las normas de Cristo, han acomodado la doctrina cristiana a sus costumbres, como si aquella fuera una regla de plomo maleable que pudiera amoldarse a gusto de uno. No sé qué van a adelantar con ello, como no sea el dar facilidades para obrar el mal. Esto es, precisamente, lo que yo conseguiría en los Consejos Reales. Porque, una de dos: o mi opinión es contraria a la suya, que es lo mismo que no tenerla; o bien estoy de acuerdo con ellos, viniendo así a apoyar su locura (como dice Micio[40], aquel personaje de Terencio).

Y, en cuanto al método indirecto de que me hablas, no veo bien qué pretendes ni adonde vas a parar con eso de que si no se puede conseguir que lo malo se torne bueno, hágase al menos lo que está en manos de uno para disminuir el mal. Porque allá, en los Consejos, no es posible ocultar la propia opinión, ni está permitido hacer la vista gorda. Uno se ve en la obligación de aprobar claramente las medidas más execrables y suscribir los más ponzoñosos mandatos; y al que regatea elogios a esos detestables consejos se le toma por espía, y casi por traidor. En medio de semejantes colegas no se te presentará, ni por asomo, la oportunidad de hacer nada bueno. Capaces son de corromper a la persona más honrada antes que corregirse ellos mismos.

---

[40] «... *verum si augeam, / aut etiam adiutor sim eius iracundiae, / insaniam profecto cum illo*» (*Adelfos*, 145-147).

El roce contaminador con esos individuos te arrastraría a la depravación; y, caso de mantenerte íntegro e inocente, serías encubridor de la malicia y necedad de otros. Muy lejos estarías, pues, de lograr con ese método indirecto tuyo que mejorasen algo los problemas. Por eso nos describe Platón, con una bellísima parábola[41], cuánta razón tienen los sabios apartándose de los asuntos políticos. Cuando ven cómo las gentes se echan a la calle y se calan bajo una lluvia pertinaz, sin que puedan convencerles de que se protejan del agua bajo techado, bien avisados están los sabios de que si ellos salen no van a lograr otra cosa que mojarse como los demás. Y, ya que no han podido remediar la necedad del prójimo, se quedan en sus casas, satisfechos al menos de estar ellos a salvo.

De todas maneras, mi querido Moro, si he de decirte con sinceridad lo que tengo en mi conciencia, me parece que dondequiera que exista la propiedad privada, allá donde todo el mundo mida todo por el dinero, resultará poco menos que imposible que el Estado funcione con justicia y prosperidad. A no ser que pienses que se obra según justicia cuando los bienes más preciados van a parar a manos de la peor gente, o que se vive en plena prosperidad allí donde

---

[41] El filósofo que no quiera ser corrompido por la política ha de mantenerse apartado, dice Platón, porque es «como un hombre en una madriguera de bestias salvajes. No puede compartir la injusticia; pero tampoco es suficientemente fuerte como para hacer frente él solo a todos los demás salvajes. Perderá su vida antes de que pueda ser de utilidad a su ciudad o a sus amigos, y, en consecuencia, inútil para sí y para el mundo. Teniendo en cuenta todas estas consideraciones se mantiene apartado y se dedica a lo suyo, como hombre que en una tormenta se protege detrás de un muro del vendaval de polvo y granizo» (*República*, VI, 496).

La fábula de los sabios y los necios ante la lluvia la recoge con diversas palabras y aplicación el mismo Moro cuando es visitado por su hija Margarita en la cárcel de la Torre de Londres (cfr. *The Correspondence,* pp. 512-513 y 518-519, y *Un hombre solo: Cartas desde la Torre,* 2 ed. Madrid, 1989, Rialp, pp. 43 y 49-50).

todos los bienes se los reparten unos pocos individuos, que ni siquiera viven con holgura, mientras que el resto está sumido en absoluta miseria.

El país de los utopienses

—Por eso, cuando me pongo a considerar las muy prudentes y virtuosas instituciones de los utopienses —a quienes un corto número de leyes les bastan para una buena administración, donde se premia la virtud y donde todos disponen de bienes en abundancia, gracias a un equitativo reparto—, he de comparar por contraste sus costumbres con las de tantas otras naciones en las que se da una incesante renovación legislativa sin llegar nunca a un satisfactorio ordenamiento. Naciones en que se considera como de propiedad privada cualquier cosa que uno ha adquirido, y donde las leyes que a diario se promulgan no son suficientes ni para asegurar, ni para defender, ni para delimitar frente a tercero los bienes que cada cual da en llamar su propiedad privada. Y buena prueba de ello es el sinfín de pleitos que surgen de continuo, sin que parezcan tener término.

Cuando considero todo esto —repito—, más inclinado me siento hacia Platón, y menos me asombra que rehusase legislar para quienes rechazan las leyes basadas en el principio de un reparto equitativo de todos los bienes. No le fue difícil, por cierto, a ese gran sabio prever que la sola y única solución del bienestar social era establecer la igualdad de bienes; cosa que no sé si llegará jamás a tener efecto en tanto exista la propiedad privada. Porque mientras un individuo cualquiera, valiéndose de determinados títulos, arramble con cuanto puede, sucederá que, por muy abundantes que sean los bienes existentes, unos cuantos se los repartirán en su totalidad y dejarán a los demás en la miseria. Y casi siempre estos últimos son más merecedores de dichos bienes que no los primeros: gente avariciosa, malvada e inútil; estos últimos, por el contrario, son gente modesta y sencilla, cuya constante laboriosidad redunda en mayor beneficio para la sociedad que para ellos mismos.

Estoy firmemente convencido de que será imposible una distribución justa y equitativa de los bienes y una satisfactoria organización de los asuntos humanos si no se suprime totalmente la propiedad privada. Mientras esta continúe, continuará también pesando sobre la mayor y más selecta porción de la humanidad una carga agobiante e intolerable de pobreza y preocupaciones; y, aunque admito que puede aligerarse un tanto, sigo manteniendo que no podrá eliminarse del todo. Cabría decretar, por ejemplo, que nadie posea tierras de cultivo por encima de cierta extensión; y que se fijase límite legal a la cuantía de bienes personales; y asegurarse por medio de la legislación pertinente de que no resulte excesivo el poder del rey, ni demasiadas las pretensiones del pueblo, y que no se trafique con los puestos oficiales ni se expongan a la venalidad, de forma que su desempeño no exija fuertes dispendios (porque de otro modo se daría ocasión a que el que los desempeña tenga que resarcirse mediante fraude o rapiña, por lo que sería obligado el cubrir dichos puestos con gente adinerada, cuando mejor los desempeñarían personas competentes).

Como digo, con este género de leyes se lograría mitigar y aliviar aquellos males, como se hace con los pacientes desahuciados a fuerza de sedantes; pero no habrá en absoluto esperanza de curación definitiva ni de restablecimiento saludable mientras cada individuo considere como propio lo que posee. Es más, el intento de curar una zona afectada provocaría la irritación de otras dolencias; de manera que al aplicar un remedio aquí se suscitaría, por reacción, una enfermedad en otra parte. Porque es de todo punto irrealizable conceder algo a uno sin que haya que quitárselo a otro.

Pues yo pienso todo lo contrario —le repuse—. Jamás será posible el bienestar allá donde todos los bienes sean comunes. ¿Cómo se va a conseguir que haya abundancia de bienes si todo el mundo se sustrae del trabajo? No sintiéndose urgidos por necesidades personales, los hombres se volverán perezosos, confiando en la laboriosidad del prójimo. Y al verse hostigados por la pobreza, y sin ley que proteja el derecho a los bienes que se han adquirido, ¿no se debatirán irremediablemente en perpetuas matanzas y revueltas? Eliminada, además, la autoridad y reverencia debidas a los dignatarios públicos se me hace inconcebible pensar que puedan desempeñar tales puestos personas entre las que no existe diferencia alguna de rango[42].

—No me sorprende que opines de ese modo. No tienes la más mínima idea de este asunto; y, si la tienes, es falsa. De haber estado conmigo en Utopía y visto personalmente sus costumbres e instituciones como yo las vi —que residí allá más de cinco años y no quisiera haber dejado ese nuevo mundo si no es para darlo a conocer—, tendrías que admitir sin reservas que jamás te habías encontrado con pueblo tan bien organizado como el de allí.

—Así y todo —dijo Pedro Egidio—, difícilmente me convencerás de que en aquel nuevo mundo existe un pueblo mejor organizado que esta parte del orbe que conocemos, en la cual hay talentos no inferiores a los suyos y, me parece a mí, Estados de mayor antigüedad, en los que una larga experiencia nos ha proporcionado muchas cosas que hacen

---

[42] Estos argumentos, brevemente expuestos por muy conocidos, son los planteados por Aristóteles en su *Política* (II, 1, 1, 1260b y ss.) y Tomás de Aquino en los *Comentarios a la Política* (II, 1-7). Sin entrar a fondo en el problema del funcionamiento de una sociedad sin propiedad privada, estas páginas son una simple introducción al libro II, en el que se describirá la Utopía.

agradable nuestra condición de vida; esto sin contar con descubrimientos debidos al azar, y que ningún ingenio sería capaz de discurrir por sí mismo.

—En cuanto a lo de la antigüedad de su organización política —contestó Rafael—, tu opinión sería más exacta si hubieras leído a fondo las crónicas de aquel orbe; porque, de aceptar su veracidad, ya existían allí ciudades antes de que por aquí hubiera hombres. Y, en cuanto a lo que haya podido inventarse por el talento o descubrirse por azar, es algo que igual podría haber sucedido en cualquiera de los dos mundos. De lo que sí estoy seguro es de que, aun superándoles en inventiva, les vamos en cambio muy a la zaga en diligencia y aplicación. Porque antes de nuestro desembarco, según cuentan sus crónicas, jamás habían oído hablar de nuestra civilización (nos llaman los «ultraequinocciales»), salvo que en el pasado, hace de esto unos mil doscientos años, cierto barco, desviado por una tempestad, vino a naufragar en la isla de Utopía, siendo arrojados a sus costas unos romanos y algunos egipcios, los cuales nunca abandonarían la isla. Y, mira por dónde, su diligencia sacó buen provecho de esta singular ocasión. No hubo una sola entre las artes útiles por entonces conocidas en el Imperio Romano que no aprendiesen por las descripciones dadas por los forasteros, o que no descubriesen por su cuenta luego de recibir las nociones elementales. ¡Tan beneficioso fue para ellos el que en una ocasión arribaran desde aquí gentes a sus costas! Pero si alguien, por ventura, ha sido arrojado acá desde su isla, el hecho ha caído en absoluto olvido; como es probable que olviden también quienes nos sigan que yo estuve allí en una ocasión. Pero mientras que ellos asimilaron inmediatamente, y en un solo encuentro, aquellas invenciones nuestras que consideraban útiles, mucho tiempo ha de transcurrir, me parece a mí, antes de que nosotros admitamos algo de aquello en lo que la organización de su país nos aventaje.

Esta, y no otra, es —pienso yo— la razón principal de que, aun siéndoles inferiores en ingenio y en recursos, su vida se halle mejor administrada y gocen de mayor prosperidad que nosotros.

—Pues bien, querido Rafael —le dije—, te pido, por favor, que nos describas esa isla. Y no trates de ser breve; detállanos por su orden tierras, ríos, ciudades, habitantes, costumbres, instituciones y leyes; en fin, todo lo que a tu juicio nos gustaría conocer, y hazte a la idea de que desearíamos saber todo lo que aún desconocemos.

—Nada más grato para mí —respondió él—. Todo está a punto en mi memoria, pero nos llevará un buen rato.

—Pues entremos a almorzar —le dije—, que luego nos tomaremos el tiempo que se nos antoje.

—De acuerdo —dijo él.

Así es que entramos a comer y, después de haber comido, volvimos al mismo sitio y nos sentamos en el mismo banco; y habiendo encargado a los sirvientes que nadie nos interrumpiera, tanto Pedro Egidio como yo rogamos a Rafael que cumpliese lo prometido.

Él, viéndonos atentos y ganosos de oírle, se recogió unos instantes, silencioso y pensativo, y comenzó de este modo.

LIBRO II:
La ínsula de Utopía

Descripción geográfica e histórica

La isla de los utopienses mide por su parte central, que es la más ancha, unas doscientas millas; y no es mucho más estrecha en la mayor parte de la isla, aunque va adelgazándose gradualmente hacia los dos extremos. Estos, al curvarse, forman como un arco de quinientas millas de recorrido, dando a la isla forma de luna creciente. Por el estrecho que media entre los cuernos de esa luna —distantes entre sí unas once millas, más o menos— fluyen las corrientes, que se derraman en una inmensa bahía, rodeada por todos lados de alturas que la resguardan de los vientos. Fórmase así una especie de gran lago, más bien tranquilo y libre de temporales, de modo que las riberas de esta ensenada hacen de ese conjunto un puerto muy conveniente para sus habitantes, que lo surcan en todas direcciones con sus naves.

La embocadura de la bahía, con bajíos en unas partes y escolleras en otras, resulta peligrosísima. Hacia la mitad de esa entrada sobresale un enorme peñón, que por ser tal no representa peligro alguno; en él han levantado una torre defendida por una guarnición. Pero las demás rocas, por el contrario, son invisibles y traicioneras; y, como solamente ellos conocen las bocanas, raro es que los extranjeros se arriesguen a penetrar en la bahía sin el auxilio de un práctico utopiense. Aun para ellos mismos es peligrosa la entrada, si no fuera por las señales que desde tierra indican la ruta a seguir. Un cambio en el emplazamiento de dichas señales podría fácilmente llevar a la aniquilación de una escuadra enemiga, por numerosa que fuese.

En las costas del otro lado abundan los puertos, pero todo a lo largo de ellas el terreno, protegido por la naturaleza o las instalaciones, impide cualquier intento de desembarco, de manera que unos pocos defensores podrían rechazar grandes contingentes de tropa.

Dicen que antaño —y así parece demostrarlo la disposición del terreno— ese territorio no estaba completamente rodeado de mar. Pero Utopo, que como conquistador dio nombre a la isla (antes conocida como Abraxa[1]), y que condujo a una caterva de hombres rudos y salvajes a un grado de cultura y humanitarismo que sobrepasa hoy día a casi todos los pueblos, luego de haber obtenido la victoria a la primera arribada, ordenó excavar quince millas por el lado que la unía a tierra firme, haciendo que el mar circundara todo el territorio. Para realizar esta obra requirió el trabajo de los indígenas y, a fin de que no lo tomasen a afrenta, también el de todos sus soldados. Repartida así la tarea en-

---

[1] En algunos aspectos geográficos la isla recuerda a Inglaterra. Sin embargo, el realismo en la descripción lleva a considerar la isla como un símbolo. Es cuasi circular y en forma de «luna creciente», cuyos dos cuernos casi se tocan dejando entre sí un breve estrecho de once millas. Toda la isla está recogida en sí misma, alrededor de un lago interior. El rey que conquistó y dio nombre a la isla, Utopos, proviene de «ningún lugar», es un rey inexistente. Simbólico es también su anterior nombre: Abraxa. El hereje Basílides de Alejandría había concebido el firmamento como formado por 365 cielos, y Abraxas era la suprema esfera, cuyo valor era de 365 (por la suma de la equivalencia en número de sus letras griegas). De Abraxas, el último cielo, procedían los dioses supremos; como de Utopía nos viene la forma suprema de gobierno.

tre tanta gente, se llevó a cabo con increíble rapidez; y los pueblos vecinos, que en un principio echaron a broma esa fantasía, se llenaron de terror y asombro en vista del éxito.

Tiene la isla cincuenta y cuatro ciudades, todas ellas espaciosas y magníficas. Su lengua, costumbres, organización y leyes son en todo idénticas; su emplazamiento, similar; y su aspecto, en cuanto lo permite su situación, semejante. La distancia entre las ciudades más próximas es de veinticuatro millas, pero ninguna se encuentra tan apartada como para que no sea posible trasladarse a ella en una sola jornada de camino.

Anualmente se reúnen en Amauroto[2] tres ciudadanos por cada una de las ciudades, gente madura y experimentada, con el fin de tratar asuntos de común interés a la isla, pues dicha ciudad —situada como en el ombligo del país, y muy accesible a los delegados de todas las comarcas— es tenida por preeminente y capital.

Los campos de cultivo están tan adecuadamente repartidos entre las ciudades que ninguna de estas cuenta con menos de doce millas de tierra por unos lados, y más incluso por otros, caso de que las ciudades se hallen más distantes; y ninguna ciudad se siente acuciada por ampliar sus términos, pues más bien se consideran cultivadores de lo que ocupan que no terratenientes. En la campiña, convenientemente distribuidas por las tierras, hay granjas provistas de aperos de labranza; a ellas van a vivir por turno las gentes de la ciudad.

---

[2] Amauroto, etimológicamente, del griego, significa «medio oculta», «entre nieblas», «esfumada a la vista». La isla de Utopía constituye una confederación de cincuenta y cuatro ciudades estados (*civitas*), con leyes e instituciones uniformes. Su territorio lo forman la urbe y el agro que rodea a cada una de esas ciudades, que distan entre sí de doce a veinticuatro millas. La sede del gobierno de la confederación, adonde acuden los representantes de la isla, es Amauroto.

Ninguna familia campesina consta de menos de cuarenta personas, entre hombres y mujeres, aparte de dos siervos adscritos a la gleba. A su frente hay un paterfamilias y una madre de familias, serios y de cierta edad; y por cada agrupación de treinta familias, un filarca.

Todos los años regresan a la ciudad veinte personas de cada familia: los que han cumplido ya un bienio en el campo; y se les reemplaza con un número igual de recién venidos de la ciudad, con objeto de que quienes llevan allí un año —y por lo tanto son más expertos en faenas agrícolas— puedan instruirles; y serán ellos, al año siguiente, quienes enseñarán a los que vengan. Se evita así el que la llegada de golpe de gente novata e ignorante de la agricultura ocasione deficiencias en la cosecha, por falta de práctica. Este sistema de renovar la mano de obra agrícola se estableció para que nadie se viera forzado a llevar una vida dura por demasiado tiempo; sin embargo, son muchos los que solicitan una prórroga de varios años, porque les gustan las faenas campestres.

Los agricultores cultivan el suelo, ceban animales y recogen leña, transportándola a la ciudad por mar o por tierra, según les resulte más práctico. Crían muchísimos pollos por un curioso procedimiento. No son las gallinas las que empollan los huevos, sino que para incubarlos someten grandes cantidades de ellos a un calor uniforme y, tan pronto los pollitos rompen el cascarón, siguen a los hombres como si fueran sus madres.

Tienen muy pocos caballos, solamente los de mucho brío, y con la única finalidad de que los jóvenes se ejerciten en la equitación. Para cualquier trabajo de labranza o de tiro emplean bueyes, que, aun no poseyendo la fogosidad de los caballos, les aventajan, dicen ellos, en resistencia y en ser menos propensos a contraer enfermedades, aparte de que es más barato mantenerlos y cuidarles, y de que pueden destinarse a carne una vez se han consumido trabajando.

El grano que cosechan lo utilizan exclusivamente para hacer pan, pues su bebida consiste en vino —de uva, manzana o pera— o, en último término, en agua: que toman sola o, más frecuentemente, en cocción de miel o regaliz, de que disponen en abundancia. Aunque hacen sus cálculos —y los hacen con gran exactitud— sobre la cantidad de productos agrícolas que precisan consumir la ciudad y el entorno a ella adscrito, procuran, sin embargo, que las sementeras y la crianza de ganado excedan dichas exigencias, y terminarán repartiendo lo sobrante entre las poblaciones vecinas.

Si necesitan algo —cualquier tipo de utensilio— de que no disponen en el campo lo piden a la ciudad, obteniéndolo sin tener que dar nada a cambio y sin trámites comerciales por parte de las autoridades urbanas; aprovechan para ello las visitas que muchos hacen allí mensualmente en los días de fiesta. Cuando se acercan las fechas de la recolección los filarcas agrícolas notifican a los funcionarios de la urbe el número de ciudadanos que se requieren y puntualmente, en el día fijado, se presentan multitud de segadores, que acaban la recolección en una sola jornada si el tiempo es bueno.

Las ciudades, en especial la de Amauroto

Quien conozca una ciudad, bien puede darlas todas por conocidas: tan grande es su parecido, salvo las particularidades del emplazamiento. Voy a describir, pues, una tan solo, sin que importe mucho cuál de ellas sea. Pero, ¿cuál mejor que Amauroto? Es la más excelente, puesto que las demás reconocen su dignidad como sede del Senado; y es también la que mejor conozco por haber vivido allí cinco años sin interrupción.

Está situada Amauroto en la suave ladera de un monte. Su forma es casi cuadrada, pues arranca un poco más abajo de la cresta del monte y desciende hasta el río Anhidro[3] en una anchura de dos millas, midiendo algo más en longitud a lo largo de sus riberas. Nace el Anhidro de un modesto manantial, a ochenta millas de Amauroto, tierra adentro. Engrosado con otros afluentes, dos de ellos bastante caudalosos, alcanza un ancho de quinientos pasos al llegar a la ciudad. Pronto se ensancha más aún y, tras discurrir otras sesenta millas, desemboca en el océano. Por todo el trecho que media entre el mar y la ciudad, e incluso algunas millas más curso arriba de la ciudad, el flujo y el reflujo de la marea alternan en rápida corriente cada seis horas. Cuando el mar se adentra, anega con sus olas el cauce del Anhidro en un tramo de treinta millas, haciendo retroceder al río; y entonces sus aguas se tornan un tanto salobres hasta poco más allá de ese punto. Pero desde ahí se van volviendo dulces poco a poco, y el río pasa por la ciudad con sus aguas incontaminadas; en cambio, con la alternancia de la bajamar, estas llegan puras y límpidas hasta la misma desembocadura.

La ciudad enlaza con la orilla opuesta del río por medio de un puente no de postes o pilares de madera sino de piedra y con una estupenda arcada. Por hallarse situado en la parte de la ciudad más alejada del mar, los barcos pueden navegar libremente a lo largo de la ribera que linda con la urbe. Cuentan también con otro río, no caudaloso pero sí muy apacible y ameno; brota del mismo monte en que se asienta la ciudad y, cruzándola, va a confluir pendiente abajo con el Anhidro. El hontanar y la cabecera de este río, que nace cerca de las afueras de la ciudad, están cercadas por unas fortificaciones que los de Amauroto han unido a las murallas para impedir, en caso de ataque, que las fuerzas

---

[3] Anhidro, río «sin agua». Como se ve por la carta prefacio que acompaña a la *Utopía* (carta de Moro a Pedro Gilles), a la anchura de este río hace alusión Moro, que piensa indudablemente en el Támesis, por su situación, distancia al mar, mareas, puente, etc.

enemigas corten, o desvíen, o contaminen sus aguas. Desde allí se hace la distribución del agua por atanores (cañerías de barro cocido) a los distritos bajos de la ciudad; y, de no permitirlo la configuración del terreno, unas grandes cisternas, que recogen el agua de lluvia, prestan idéntico servicio.

Está ceñida esta ciudad-fortaleza por un grueso y alto muro, con un rosario de torres y barbacanas. Un foso seco —pero profundo e inaccesible a causa de sus setos de espino— rodea la muralla por tres lados; por el cuarto, el río mismo le sirve de foso.

El trazado de las calles está pensado para facilitar el tráfico y para resguardar del viento. Los edificios nada tienen de ruines; forman hileras continuas a lo largo de las calles, con sus fachadas frente por frente y separadas por una calzada de veinte pies de anchura. Por detrás de las casas, en paralelo a la calle, tienen espaciosos jardines, encerrados entre las paredes posteriores de los edificios[4]. No hay casa sin una puerta a la calle y un postigo al jardín. Las puertas son de dos hojas y fáciles de abrir al empujarlas con la mano, cerrándose luego por sí solas, y dejando libre acceso a cualquier persona. De manera que no existe el más mínimo indicio de que se trate de bienes privados, porque hasta de casa cambian cada diez años, echándolo a suerte.

Tienen mucho apego a dichos jardines, en los que cultivan vides, frutales, hortalizas y flores. Tan lindos son y con tanto esmero los cuidan que jamás he visto nada de mayor

---

[4] El trazado de las calles, los materiales de construcción, el empleo del vidrio, etc., nos muestran la impresión que las ciudades flamencas causaron en Moro, al tiempo que escribía la *Utopía*. Sobre los jardines en la parte posterior de las viviendas las hipótesis son varias. Moro piensa en una ciudad ideal, sin separación entre lo rústico y lo urbano; o tal vez en la actitud renacentista respecto a huertos y jardines (en un jardín del albergue de Moro en Amberes se desarrolla el diálogo); o acaso esté inspirado su autor en los pequeños jardines adjuntos a las celdas de los monjes de algunas órdenes monásticas, como los cartujos, por ejemplo.

fertilidad y galanura. Y lo hacen no solo por puro placer sino también con la emulación de ver quién cuida mejor su jardín en cada manzana de casas. Seguramente no existe en toda la ciudad nada que cause mayor deleite y sea más útil a sus ciudadanos. Al parecer, el fundador de ella se preocupó de modo muy particular en fomentar este tipo de jardines; Utopo mismo en persona diseñó al principio —según dicen— un plan completo de la ciudad, pero dejando a cargo de sus sucesores el ultimar su embellecimiento y hacer mejoras, percatándose de que la vida de un hombre no bastaba para llevarlo a cabo.

Conservan anales en los que con extrema diligencia y sentido religioso se registra su historia, que abarca un período de mil setecientos sesenta años, a partir de la conquista de la isla. En ellos se relata que a los comienzos las viviendas eran mezquinas, como chozas o tugurios, hechas de cualquier clase de madera y sin traza determinada; tenían las paredes revestidas de barro y los tejados en punta y recubiertos con bálago. Hoy día, en cambio, levantan casas de tres pisos; los muros exteriores están construidos con piedra, hormigón o ladrillo, y su interior revestido de argamasa. Los techos son planos y entreverados de cierto material molido, que es de bajo costo y resistente al fuego, y mejor que el plomo para preservar de las inclemencias del tiempo. Las ventanas son de vidrio —material de uso muy corriente allá—, para protegerse del viento. En su defecto usan también lienzo de lino, muy fino e impregnado de aceite traslúcido o de resina; lo cual ofrece una doble ventaja: permite que pase más luz y deja que entre menos viento.

Los cargos públicos

Cada conjunto de treinta familias elige anualmente un magistrado, al que llaman en su lengua primitiva sifogrante y, en la moderna, filarca[5]. Al frente de cada diez sifograntes, con sus correspondientes familias, está el que antaño denominaban traniboro[6], y ahora protofilarca. Todos los sifograntes, doscientos en total, después de prestar juramento para escoger al que estimen más apto, eligen por votación secreta un gobernador de entre los cuatro candidatos propuestos por el pueblo (y de entre los propuestos al Senado por cada distrito de la ciudad se designa uno).

El cargo de gobernador es vitalicio, salvo que haya de ser depuesto si se sospecha que abriga inclinaciones tiránicas. El nombramiento de los traniboros se hace por elecciones anuales, pero no se les sustituye de no existir motivo justificado para ello. Todos los demás cargos públicos tienen tan solo un año de duración. Los traniboros se reúnen en consejo con el gobernador cada tres días y, si es necesario, con más frecuencia; tratan de los asuntos públicos y resuelven sin dilación las rarísimas disputas que surgen entre particulares.

A las sesiones del Senado asisten dos sifograntes, distintos cada día, estando previsto que no se ratifique ningún asunto tocante al Estado si no ha sido sometido a debate en el Senado tres días antes. Todo intento de resolver los asuntos públicos fuera del Senado o de las asambleas de ciudadanos se considera gravísimo delito. La razón de tales

---

[5] Sifogrante, anciano sabio (del griego, *syfos* o *sofos* —sabio— y *geron* —anciano—); filarca, jefe de tribu. Utopía funciona como una democracia representativa, cuya base es la familia. Cada treinta familias eligen anualmente un filarca; y los doscientos sifograntes, el gobernador de la ciudad (*princeps*); la forma de gobierno es la república y no la monarquía, aunque en Utopía vienen a combinarse las tres formas de gobierno preconizadas por Aristóteles. La familia es la «unidad constitucional» y la base de la organización urbana en sifograntías.

[6] El protofilarca es cabeza o jefe de diez filarcas, antiguamente conocido como «traniboro». Traniboro —se dice en un ladillo al margen— «significa, en lengua utopiense, magistrado de primer orden».

prevenciones, dicen, es el impedir que por una conspiración entre el gobernador y los traniboros se implante una opresora tiranía sobre el pueblo o se produzca un cambio constitucional del Estado. Por eso, todo asunto de cierta monta ha de llevarse a las asambleas de los sifograntes, quienes informarán a sus respectivos grupos familiares para discutirlo luego entre ellos y elevar sus decisiones al Senado.

Casos hay en que los asuntos se plantean ante el Consejo de toda la isla. También se acostumbra a no debatir en el Senado propuesta alguna en el día mismo en que se presenta sino que se deja para la siguiente sesión. De esta forma se evita el que alguien suelte sin más ni más lo primero que le viene a la boca, y ande luego buscando razones para defender ese criterio suyo, en vez de defender el interés del Estado. Porque hay quienes, llevados de un improcedente y desviado sentimiento de lo que es la vergüenza, para ocultar un primer momento de insensatez están dispuestos a sacrificar el bien público antes que su prestigio personal, cuando debieran haberse parado antes a reflexionar y no haber hablado con tanta precipitación.

Los oficios

Existe una ocupación común a hombres y mujeres, sin discriminación: la agricultura; y de ella nadie está excluido. En ella se instruyen todos desde la niñez; en parte por la enseñanza que reciben en la escuela y, en parte, por las excursiones que hacen a los campos próximos a la ciudad para su esparcimiento, aunque no se limitan a observar sino que compartiendo las faenas tienen ocasión de hacer ejercicio físico. Salvo la agricultura —común a todos, como ya dije—, cada persona ha de aprender un oficio, y considerarlo como el suyo específico. Por lo general consiste en tratar la lana, labrar el lino, o bien en la albañilería o en trabajos de herrería y carpintería de obras. Fuera de estos oficios no hay otros dignos de mención, por lo que se refiere al número de los obreros.

El vestido es de tipo único, y toda su vida llevan el mismo sin otras diferencias de hechura que las que permitan distinguir a un sexo del otro, y a los solteros de los casados. Su estilo no es desagradable: deja libertad de movimientos al cuerpo y tanto sirve para el calor como para el frío. Cada familia confecciona sus propios vestidos.

En cuanto a los otros oficios mencionados, todos —hombres, y también mujeres— han de aprender uno[7]. Ellas, sin embargo, por ser más débiles por naturaleza, se ocupan en faenas livianas: casi exclusivamente en trabajar la lana y el lino; y sobre los hombres recaen las ocupaciones más penosas. La mayoría sigue el oficio de sus padres, al que normalmente les lleva su natural vocación; pero si alguno siente inclinación por un oficio distinto, se le hace pasar por adopción a una familia que se dedique al oficio que a él le gusta, siendo responsabilidad del padre —y también de los magistrados— que el que se encargue de su tutela sea un cabeza de familia serio y honrado. Y si alguien domina ya un oficio y quiere aprender otro diferente, entonces se sigue un procedimiento parecido. Una vez que haya adquirido dos oficios puede ejercer el que guste, a no ser que la ciudad tenga más necesidad de que practique uno determinado.

El cometido principal, y casi exclusivo, de los sifograntes consiste en cuidar y vigilar que nadie esté ocioso y que todos se dediquen con diligencia a sus tareas, pero sin

---

[7] Todo parece indicar un intento de armonía y equilibrio entre la ciudad y el campo, la urbe y el agro, gracias a la continua rotación bienal de la población. El ciudadano utopiense ha de tener dos tipos de trabajo: la agricultura, que es obligatoria a todos, y un oficio (con excepción de quienes prefieran dedicarse exclusivamente al campo y a las faenas agrícolas).

117

andar azacanados como bestias de carga, que trabajan sin parar desde el alba hasta última hora de la tarde. Semejante agobio es peor que la esclavitud y, sin embargo, tal es el género de vida de los trabajadores en casi todas partes. No así entre los utopienses, que dividen el día, comprendida la noche, en veinticuatro horas iguales, de las que destinan solamente seis al trabajo: tres antes del mediodía, para almorzar a continuación; y luego de haber comido y reposado dos horas por la tarde, trabajan de nuevo otras tres horas, terminando con la cena. Se acuestan hacia eso de las ocho (la primera hora se cuenta a partir del mediodía); y al sueño dedican ocho horas[8].

El tiempo que media entre las horas de trabajo y el sueño o las comidas, cada uno puede emplearlos como le plazca; no para perderlo en vicios o gandulerías sino para gastar ese tiempo libre en alguna ocupación provechosa que estime conveniente. La mayoría consagra esos ratos de ocio a los estudios humanísticos; y es costumbre que se den a diario conferencias públicas a primera hora de la mañana, a las que solo están obligados a asistir los que han sido expresamente seleccionados para dedicarse a las letras. Así y todo, multitud de personas de toda clase, tanto hombres como mujeres, acuden a oír las conferencias: unas u otras, según sus gustos personales. Pero si alguien prefiere emplear ese rato en tareas propias de su oficio —como ocurre a muchos que no sienten inclinación por los estudios teóricos—, nadie se lo impide; muy al contrario, reciben elogios, porque ello redunda en beneficio público.

El tiempo de la cena se alarga, una vez concluida, con una hora de recreo: en verano, en los jardines; y en invierno,

---

[8] La afirmación de Moro de que los utopienses dedican solamente seis horas al trabajo es un tanto sorprendente para sus contemporáneos, por lo que tiene que explicar el empleo de las horas del día y la organización del trabajo en Utopía.

en las salas comunes que hacen de comedores. Allí practican la música o se entretienen conversando. Desconocen totalmente los dados o cualquier otro juego vano y pernicioso, aunque sí juegan a dos pasatiempos parecidos en cierto modo al ajedrez. Uno consiste en una batalla de números, en que unos se comen a otros; y el segundo, en un conflicto armado de los vicios contra las virtudes. Juego este en el que se muestra de manera ingeniosa tanto la desunión que se traen los vicios entre sí, como su alianza contra las virtudes; y también qué vicios se oponen a cada virtud específica, de qué fuerzas disponen para atacarlas descaradamente, las intrigas para los taimados asaltos, los recursos de las virtudes para desbaratar la fuerza de los vicios y las mañas para burlar los ataques; en fin, los medios con que uno de los combatientes podría lograr la victoria.

Pero hay aquí una cuestión que requiere detenido examen, si es que no queremos llamarnos a engaño: el hecho de que dediquen solamente seis horas al trabajo, ¿no ocasionará escasez de artículos de primera necesidad? Harto improbable es que así suceda, porque ese tiempo de trabajo no solo resulta suficiente sino que basta y sobra para producir abundantemente cuanto se precisa para un estricto mantenimiento y hasta para una vida de desahogo. Vosotros mismos os haréis cargo de ello si consideráis que en los demás países la mayoría de la población pasa la vida sin hacer nada. En primer lugar hay que contar casi todas las mujeres, lo que representa la mitad del total; y en casi todos los sitios donde la mujer trabaja son los hombres, en compensación, quienes roncan. Luego están los sacerdotes; y esos que llaman religiosos (valiente y nutrida muchedumbre de desocupados). Añadid, además, a toda la gente rica, especialmente a los terratenientes, vulgarmente conocidos como hidalgos y nobles; e incluid en el cómputo a sus criados, que no son otra cosa que un hatajo de rufianes armados. Finalmente, agregad tanto mendigo sano y fortachón, que de puro holgazanes fingen una enfermedad, y os daréis cuenta de que son muchos menos de lo que se piensa los que con su trabajo producen todo lo que consume el género humano. Hay que tener presente que son pocos los que se dedican a los oficios fundamentales, porque allá donde todo se mida por el dinero resultará inevitable que se ejerzan actividades de todo punto innecesarias y hasta superfluas en servicio exclusivo del lujo y del desenfreno.

Claro que si la muchedumbre de quienes hoy día trabajan se repartiera entre los oficios que son estrictamente necesarios (esto es, entre los pocos que responden a las exigencias naturales del bienestar) sería tal la abundancia de lo producido que caerían los precios, de modo que un obrero no podría vivir de su trabajo. Ahora bien, si a todos los que en la actualidad se ocupan en actividades improductivas, sumados a la mencionada turbamulta de los adormilados en la vagancia y en la desidia (uno solo de los cuales consume de lo ajeno el doble de lo que consume un productor), se les pusiera a trabajar en algo útil, pronto veríais que basta y sobra con ese tiempo para la satisfacción de necesidades y comodidades, y hasta de placeres, siempre que estos sean genuinos y conformes a la naturaleza.

En Utopía esto es un hecho que resulta evidente. Allí, en toda una ciudad con su comarca aledaña, apenas llegan a quinientas —entre la totalidad de hombres y mujeres en edad y condiciones físicas para ello— las personas dispensadas de trabajar. Entre ellas, los sifograntes que, aunque legalmente exentos, no se consideran excusados del trabajo y estimulan así, con su ejemplo, a que trabajen los demás[9].

---

[9] El sentido cristiano de la dignidad y necesidad del trabajo lo dan los sifograntes con su ejemplo, y también los «religiosos» que se dedican a una vida activa en servicio del prójimo, como se verá más adelante.

120

Del mismo género de dispensa gozan aquellos que el pueblo —por recomendación de los sacerdotes y contando con el voto secreto de los sifograntes— permite que se dediquen por tiempo indefinido al estudio de las ciencias. Pero si alguno de ellos defraudara las esperanzas que en él han puesto, se le relega a la condición de artesano; y, al revés, no es raro que un trabajador manual ponga tal empeño en estudiar durante las horas libres, y aproveche tan rápidamente, que se le exima del trabajo manual y sea promovido al rango de los letrados. De entre la clase de los letrados se eligen los embajadores, sacerdotes, traniboros y, en fin, hasta el mismo gobernador, a quien llaman en su antigua lengua Barzanes y, en la moderna, Ademo[10].

Como el resto de los habitantes, en su gran mayoría, ni se entregan al ocio ni se ocupan en actividades inútiles, fácil es de imaginar el gran rendimiento de su trabajo y el corto número de horas empleadas en producir los bienes a que me refería. Hay que tener en cuenta, además, la ventaja que supone el que los oficios considerados como fundamentales requieran allí menor trabajo que en otros pueblos. La construcción de edificios, o su reparación, por ejemplo, exigen en todas partes el empleo constante de mucha mano de obra; y esto porque un heredero desidioso deja que se vaya desmoronando lo edificado por su padre, por lo que el sucesor se ve obligado a levantar de nuevo y a grandes costos lo que hubiera podido conservarse con un mínimo de mantenimiento. Sucede también con cierta frecuencia que Fulano construye una casa invirtiendo una fuerte suma, para que luego venga Mengano a hacerle ascos, desatenderla y, cuando está ruinosa, construirse otra en sitio distinto y con mayores gastos. En cambio, entre los utopienses todo se

---

[10] El gobernador, *princeps,* se llamaba antiguamente Barzanes (hijo de Zeus) y actualmente Ademo (sin pueblo, sin súbditos).

halla reglamentado y existe una buena organización estatal; y raro es que reserven nuevos solares para edificar casas, ya que no contentos con poner pronto remedio a los desperfectos que surgen, prevén también los que amenazan producirse. De manera que sin mucho trabajo hacen que duren mucho los edificios; por eso los obreros del gremio apenas tendrían trabajo entre temporadas, de no encargárseles el desbastar viguerías en sus casas, o escuadrar y dejar a punto la piedra para que si se presenta una eventualidad pueda acelerarse la marcha de las obras.

En cuanto al vestido, es evidente que tampoco precisan de mucha mano de obra. En primer lugar porque, cuando están de faena, se adosan una indumentaria sin pretensiones, de cuero o de piel, que bien puede durarles siete años; y para presentarse en público se echan encima una capa corta que cubre las ropas ordinarias. El color de esta prenda es el de su tono natural, y el mismo en toda la isla. De forma que la cantidad de paño de lana que consumen es menor que en otros sitios, resultando también mucho más económico. Sin embargo, como el trabajo del lino es tarea más sencilla, su uso está más extendido. Pero es la blancura del lino y la limpieza de la lana lo que aprecian de modo exclusivo, sin importarles la calidad de la hilatura. Así, mientras en otros países un individuo no se siente satisfecho con tener cuatro o cinco trajes de lana de diversos colores, y otras tantas camisas de seda —y los más refinados ni siquiera con diez—, allí todos se contentan con un solo traje, que por lo general les dura un par de años. Y ¿por qué habrían de desear más? Si los tuvieran, ni estarían mejor protegidos contra el frío, ni una pizca mejor trajeados.

Como todos, pues, se dedican a oficios útiles, y estos no precisan mucha mano de obra, es natural que al disponer de todo en abundancia envíen en ocasiones un elevado número de personal a reparar las calzadas, si se hallan en malas condiciones; y muchas veces, cuando no se presenta ni siquiera esta clase de trabajo, se reducen oficialmente las horas laborables. Por su parte, las autoridades no fuerzan al ciudadano a dedicarse a faenas innecesarias. La única finalidad de las instituciones del Estado —en cuanto lo permiten las necesidades de la comunidad— es restar el mayor tiempo posible a las servidumbres de carácter físico, para que todo ciudadano lo consagre a la libertad y cultivo del espíritu. En esto, según ellos, consiste la dicha de vivir.

Relaciones sociales

Me parece que ha llegado el momento de explicar el trato que mantienen entre sí los ciudadanos, sus relaciones sociales y el sistema de distribución de bienes.

La ciudad está constituida por familias; estas familias se basan, mayormente, en el parentesco de sangre, pues las mujeres se casan tan pronto alcanzan la edad núbil, instalándose en el hogar del marido. En cambio, los hijos varones y los nietos permanecen en la familia, sujetos a la potestad del pariente más anciano, a no ser que por senil haya perdido facultades, reemplazándole entonces quien le siga en años.

A fin de evitar que las ciudades se despueblen o crezcan excesivamente, procuran que cada familia (una ciudad comprende seis mil familias, sin contar la comarca rural) no tenga menos de diez adultos ni más de dieciséis; el número de los menores de edad es imposible fijarlo de antemano. Dicha proporción es fácil de mantener: basta con trasladar los que sobren de las familias numerosas a las que no lleguen a ese número. Y si la población total de una ciudad rebasase alguna vez el límite fijado, compensan con ella la deficiencia que exista en alguna otra de sus ciudades.

123

Y en caso de que la población global de la isla sobrepasara el límite razonable, entonces cada una de las ciudades envía un número determinado de ciudadanos al continente más próximo, allí donde sobren a los nativos tierras por cultivar, fundando una colonia bajo sus propias leyes e integrándose con la población indígena, si estos acceden a vivir junto con ellos en ese territorio. Si consienten en tal vinculación, fácilmente llegan a fundirse en un mismo régimen de vida y costumbres, beneficioso para ambos, pues con los métodos que usan consiguen que una tierra antes tenida por estéril y machorra produzca en abundancia para los dos pueblos. Pero, de no avenirse a vivir según sus leyes, los expulsan fuera de las fronteras del territorio que ellos mismos se han asignado, haciendo la guerra a los que se resisten: consideran causa legítima de guerra el que un pueblo que no utiliza su suelo, y lo mantiene inculto y abandonado, impida que lo utilicen y ocupen quienes por dictado de la naturaleza se ven obligados a sustentarse de él[11].

Si a causa de un accidente disminuyera la población de alguna de sus ciudades, hasta el punto de no poderse reponer con gente de otros lugares de la isla sin que ello afecte al mínimo previsto (cosa que únicamente ha sucedido un par de veces a lo largo de la historia, en épocas de

---

[11] Los utopienses, según Hythlodeo, son un pueblo culto, piadoso, trabajador, tolerante con las opiniones e ideas religiosas de otras gentes, liberal y generoso. Hay, sin embargo aspectos de su vida y costumbres de un crudo pragmatismo. Por ejemplo la falta de escrúpulos en el modo de llevar a cabo la guerra, y el apropiarse del territorio de sus vecinos.

No se había desarrollado aún, en 1516, el tema de la ocupación y conquista del Nuevo Mundo por los teólogos españoles, y la fundamentación de los principios del *ius gentium*. La actitud de los utopienses se basa en el derecho natural («por dictado de la naturaleza»), y la idea tiene probablemente su origen en Platón. Cuando la población de la ciudad-estado no puede mantenerse y ha de arrebatar tierras de pasto y de pan llevar a sus vecinos, con el consiguiente riesgo de que los invadidos se levanten en armas contra los invasores, será preciso hacer la guerra para extender el territorio (cfr. *República*, II, 373d).

tremendas pestes), la repoblación de las ciudades se hace con los repatriados de las colonias. Más dispuestos están a que perezcan las colonias que no a que decaiga una sola de las ciudades de la isla.

Pero, tornando a las relaciones sociales entre ciudadanos, ya dije que es el más anciano quien está al frente de la familia. Las mujeres sirven a sus maridos; los hijos, a sus padres; y, por regla general, los jóvenes a los más viejos.

Toda ciudad se halla dividida en cuatro distritos iguales; y en el centro de cada ciudad existe un mercado para todo género de productos. Allí, en unos locales especiales, se recoge lo que ha producido cada familia, y se distribuye por diferentes almacenes según la clase de mercancía. A ellos acuden los padres de familia para obtener lo que ellos o los suyos necesitan, llevándose cuanto pidan y sin tener que dar dinero o cosa alguna a cambio. Y ¿por qué habría de negárseles nada, si existe sobreabundancia de todo y no hay miedo de que nadie pida más de lo que necesita? Porque ¿cómo es posible imaginar que alguien pida cosas que no necesita si está seguro de que nunca carecerá de nada? El miedo a padecer necesidades es lo que origina la avaricia y la rapacidad de todo ser viviente; y, en el caso del hombre, es la soberbia exclusivamente quien le lleva a jactarse de sobrepujar a los demás, haciendo ostentación de lo superfluo, vicio que no tiene cabida de ningún modo en las instituciones de los utopienses.

Junto a los mercados que acabo de mencionar están las lonjas de comestibles, a las que, además de hortalizas, fruta y pan, llevan el pescado y toda clase de carnes, de ave y de ganado. Y en las afueras de la ciudad hay lugares apropiados, con agua corriente para lavar las suciedades e inmundicias, de donde salen los despojos de las reses ya sacrificadas y limpias por mano de siervos. Porque no toleran que los ciudadanos se habitúen a descuartizar animales (piensan que ello extinguiría gradualmente la clemencia, uno de los más entrañables afectos del hombre) ni que entren en la ciudad porquerías o basura que, al pudrirse, contaminen el ambiente y den lugar a enfermedades.

En todas las calles hay unos edificios espaciosos —a intervalos equidistantes y con un nombre distintivo— en los que viven los sifograntes, cada uno de ellos con treinta familias adscritas para comer allí, quince en cada ala del local. Los despenseros de estos refectorios se presentan en el mercado a una hora determinada para solicitar comestibles según el número de personas a su cargo.

El cuidado de los enfermos tiene carácter prioritario, atendiéndoseles en hospitales públicos. En los alrededores de la ciudad, no lejos de las murallas, hay cuatro hospitales, con tal amplitud que bien pueden compararse a otras tantas pequeñas poblaciones; de manera que por grande que sea el número de enfermos no se encuentren hacinados y, por consiguiente, incómodos; así como también para mantener aislados a los pacientes con enfermedades contagiosas. Estos hospitales se hallan muy bien organizados y dotados de todo tipo de medios sanitarios. La asistencia que allí se presta es tan cuidadosa y solícita, y tan constante el desvelo de médicos prestigiosos que, aunque a nadie se le hospitaliza a la fuerza, casi todos los ciudadanos que sufren una enfermedad prefieren que se les ingrese en los hospitales a tener que ser atendidos en sus domicilios.

Luego que los despenseros de los enfermos han recibido los comestibles de acuerdo con la prescripción médica, se procede a la distribución equitativa del resto entre los refectorios, según el número de los comensales y con preferente consideración del gobernador, del pontífice y de los traniboros, así como de los embajadores y de todos los extranjeros. Estos últimos no suelen existir; y, de haberlos, son pocos y también se les asigna vivienda particular y amueblada.

126

En las horas señaladas para el almuerzo o la cena, al toque sonoro de las trompetas de bronce acude a los refectorios toda la sifograncia, menos los que guardan cama en el hospital o en su domicilio. A nadie se le prohíbe, después de que se han retirado las provisiones para los refectorios, ir al mercado y llevarse los comestibles a casa. Dan por supuesto que tendrán sus motivos para ello; porque, aunque no exista prohibición expresa de comer en casa, a nadie le agrada hacerlo. No se consideraría decoroso; y sería tonto tomarse la molestia de preparar una comida de inferior calidad teniendo tan cerca y a su disposición en los refectorios una exquisita y abundante.

En los refectorios, de toda faena un tanto sucia o fatigosa se encargan los siervos; pero el resto de las ocupaciones —como el cocinar y preparar los alimentos— y el servicio general del comedor corre a cargo exclusivo de las mujeres, que lo hacen por turno de familias.

Se disponen tres o más mesas, según el número de comensales[12]. Los hombres se acomodan de espaldas a la pared y, enfrente de ellos, las mujeres. De manera que si les sobreviene de repente algún malestar de los que suele acaecer a las mujeres embarazadas, puedan retirarse sin causar desorden para ir en busca de las nodrizas. Las que tienen niños de pecho se instalan en comedor aparte, donde nunca falta fuego y agua limpia, ni cunas en torno para acostar a los crios y, si es preciso, poder acercarse al hogar para cambiarles los pañales y juguetear con ellos para calmarlos. Cada madre

---

[12] Teniendo en cuenta que la sifograncia se compone de una treintena de familias, y que estos centenares de personas comen bajo la presidencia del sifogrante y su mujer, no es fácil entender la disposición en los comedores. Parece incompatible con los números lo que nos dice el texto: que «se disponen tres o más mesas», que «la distribución se hace acomodándose por grupos de cuatro en todas las mesas», que «los jóvenes van alternando con los ancianos», que los de corta edad permanecen de pie y en silencio, siendo alimentados por los que están sentados, etc. No debía ser fácil establecer el orden en el servicio.

amamanta a su propio niño, a no impedírselo la muerte o la enfermedad. En tal caso, las mujeres de los sifograntes se encargan de encontrar enseguida una nodriza; cosa nada difícil, porque las que pueden hacerlo se ofrecen gustosamente a prestar ese servicio, obra de misericordia que todo el mundo elogia; y quien así se cría reconoce luego como madre a la nodriza.

En aquel antro de las nodrizas se quedan todos los niños que no han cumplido aún los cinco años; y el resto de los jóvenes de uno y otro sexo —en el que están los que no han alcanzado aún la edad de casarse—, o bien se dedican a servir a los comensales o, si no pueden hacerlo por su corta edad, permanecen de pie y en absoluto silencio. Unos y otros se alimentan de lo que les ofrecen los que están sentados, pues no existen otras horas destinadas a las comidas.

En el centro de la mesa principal, que es el sitio de honor y desde el que se domina la asamblea, por estar colocada transversalmente al fondo del comedor, se sientan el sifogrante y su mujer. A su lado se ponen dos personas de entre los más ancianos, pues la distribución se hace acomodándose por grupos de cuatro en todas las mesas. Pero si en el distrito de la sifograncia hubiera un templo, entonces el sacerdote y su mujer se sientan a presidir con el sifogrante; y luego se van colocando a uno y otro lado los jóvenes, alternando con los ancianos, de forma que por toda la sala queden agrupadas personas de una misma edad, pero entremezcladas con otras de edad diferente. Esta práctica se utiliza —dicen— para que la gravedad de los ancianos y la reverencia en que se les tiene, refrenen a los más jóvenes para que no den rienda suelta a un lenguaje o gestos procaces, ya que es imposible que pase inadvertido a los vecinos de al lado cuanto se haga o diga a la mesa.

Al servir no hacen circular las fuentes pasándolas de la presidencia a los extremos de la sala, sino que comienzan ofreciendo lo más exquisito de cada plato a los ancianos, que ocupan puestos preeminentes, y luego se sirve discrecionalmente a los demás. Cuando no son tan abundantes esos manjares como para distribuirlos por todo el comedor, los viejos los reparten a su gusto entre los compañeros de mesa. Y así, guardando la deferencia debida a las personas mayores, todos salen beneficiados.

Almuerzos y cenas se inician con alguna lectura moralizante: breve, para que no resulte aburrida, y de ahí toman pie los ancianos para sacar a conversación temas decorosos, aunque animados y alegres[13]. Las comidas no transcurren en medio de largas peroratas. Escuchan con agrado a los jóvenes e incluso diría que les provocan adrede, para que muestren la espontaneidad que es natural en la comida, pudiendo comprobar así su temperamento e ingenio. Los almuerzos son un tanto cortos; pero las cenas, en cambio, se alargan un poco más, porque tras el almuerzo viene el trabajo mientras que a la cena sigue el sueño y el descanso nocturno, que, según ellos, favorece mucho la sana digestión. En las cenas nunca falta el acompañamiento musical y alguna golosina a los postres. Queman sahumerios, esparcen perfumes y se hace lo posible por divertir a los comensales: son gente inclinada a estas cosas, y no consideran ilícito ningún tipo de placer siempre que no ocasione daño alguno.

Así se vive en las ciudades. Pero en el campo, donde se hallan alejados unos de otros, cada cual come en su casa, sin que falte a ninguna familia lo necesario para su sustento: a fin de cuentas, ellos son quienes abastecen a los de la ciudad de toda clase de víveres.

---

[13] La lectura en el comedor o refectorio era práctica común en los monasterios o conventos, también en casas nobles y en el hogar de Chelsea, en el que a una señal de Moro se suspendía la lectura a la mesa y se pasaba a la conversación general, en la que todos tomaban parte, incluso el bufón Patenson.

Los viajes de los utopienses

Si alguien tiene ganas de visitar a los amigos que residen en otra ciudad, o simplemente ver el país, no hay dificultad en obtener permiso de los sifograntes y traniboros, a no ser que algo lo desaconseje[14]. Se forman grupos de cierto número de personas, que salen juntas provistas de un salvoconducto del gobernador, autorizando el viaje y señalando la fecha de regreso. Se les provee de una carreta y de un siervo público, encargado de guiar y cuidar los bueyes; pero de no ir en compañía de mujeres, prescinden de la carreta como de enojoso impedimento. A pesar de no llevar nada consigo, de nada carecen durante el viaje, porque en todas partes se encuentran como en su casa. Si se detienen más de un día en un lugar, cada cual se ocupa en trabajos de su oficio, siendo acogido benévolamente por sus compañeros de gremio. Pero en caso de que alguien ande vagando por su cuenta y riesgo fuera de los límites de su territorio y sea detenido sin salvoconducto del gobernador, se le trata sin miramientos, se le devuelve como a fugitivo y se le castiga con rigor. Si acaso reincidiera se le aplica la pena de servidumbre.

Si a uno se le antoja salir a darse una vuelta por los campos aledaños a la ciudad, nadie se lo impide, con tal que obtenga el permiso del padre y el consentimiento de su mujer. Sin embargo, en ninguna de las granjas que visite se le dará de comer si no ha cumplido antes con el trabajo de la mañana o con las faenas que acostumbren hacer antes de cenar.

---

[14] «Si una persona necesita ir al extranjero, ha de obtener previamente el permiso de las autoridades», dice Platón (*Leyes*, V, 742b). Tal vez este detalle refleje el gusto familiar y casero de Moro, poco amigo de ausencias de su casa, por lo que cuenta ya en la *Utopía*, antes de relatar el encuentro con Hythlodeo en las primeras páginas, con ocasión de la embajada a Flandes en 1515: «la inquietante nostalgia que sentía por regresar a mi patria».

De atenerse a dichas condiciones, libre es de recorrer la comarca de su ciudad sin traspasar sus límites, pues el servicio que presta a la ciudad es tan útil como si en ella residiese.

Os percataréis, pues, de que a nadie le está permitido andar ocioso y que no hay pretexto que valga para la holgazanería: ni tabernas, ni cervecerías, ni rastro de burdeles, ni lugares de corrupción, ni garitos, ni escondrijos para reunirse. Expuestos a la vista de todo el mundo, se ven obligados a cumplir bien con su trabajo ordinario o a divertirse decorosamente. Un pueblo que observa tales costumbres, por fuerza tendrá abundancia de todo; y, si esa abundancia se distribuye equitativamente entre todos, el resultado es que no existirá un solo pobre o mendigo.

Tan pronto hay constancia en el Senado de Amauroto (adonde, como ya he dicho, acuden anualmente tres representantes de cada ciudad) de los lugares con excedentes de un producto y, al revés, de los sitios en que son deficitarios de otros, inmediatamente se compensan escaseces y sobrantes, respectivamente. La operación se hace de modo gratuito: los receptores no entregan nada a cambio a los donantes; bien es verdad que la ciudad que ha dado parte de sus productos a otra, sin exigir nada a cambio, recibe a su vez lo que necesita de una tercera ciudad a la que nada ha cedido. De manera que toda la isla viene a ser como una sola familia.

Pero, una vez que se han abastecido debidamente (y, teniendo en cuenta eventualidades en las cosechas de años venideros, no se consideran suficientemente provistos si no lo están por un bienio), exportan a otros países grandes cantidades de lo que les sobra: cereales, miel, lana, lino, madera, tintes de grana y cochinilla, pieles, cera, sebo, cueros y hasta cabezas de ganado. A los pobres del país en cuestión les donan gratuitamente la séptima parte de estos artículos, y el resto lo venden a precio moderado. Por medio de este comercio se hacen con mercancías de las que carecen (aunque casi nada les falta, a excepción del hierro), y también con oro y plata, que se traen en grandes cantidades. Procedimiento que han mantenido de manera ininterrumpida, permitiéndoles acumular increíbles reservas de dichos metales; así es que hoy día poco les importa que las ventas se hagan al contado o a plazos, ni que en la mayoría de las transacciones tengan que dar créditos, si bien no es suficiente que las operaciones estén respaldadas por los particulares sino que exigen documentación oficial al uso, avalada por las autoridades de una ciudad. Llegada la fecha del vencimiento, la ciudad reclama su pago a los deudores privados, lo deposita en el tesoro público y puede disfrutar del interés de dicha suma en tanto no se lo exijan los utopienses. Estos nunca reclaman esas cantidades en su totalidad, pues no les parece justo que, si para ellos no es necesario, priven a otros de algo que les pueda ser útil. Sin embargo, si las circunstancias lo requieren, se lo piden: sea por tener que prestar parte de ello a otra nación, sea por tener que hacer una guerra. La única finalidad de conservar el tesoro que poseen es el que les sirva de recurso en situaciones muy críticas o urgentes. Especialmente para ofrecer respetables soldadas a los mercenarios que recluten (prefieren que sean estos y no sus conciudadanos quienes se expongan al peligro), sabiendo, además, que con fuertes sumas de dinero es posible comprar a los mismos enemigos e incitarles a pelear entre sí, traicioneramente o a banderas desplegadas.

Esta razón explica el que guarden tesoro tan incalculable; aunque no como tal tesoro sino de una manera que siento vergüenza hasta de mencionar, pues temo no se dé crédito a mis palabras. (Y no faltaría justificación para ello, porque soy consciente de que, si yo no fuera testigo presencial, a duras penas lo creería si otro me lo contara; aunque resulta lógico, por otra parte, que cuanto más extraña es una

132

cosa al modo de vivir de quien la escucha, tanto más reacio se muestre a creerla.) Con todo, quien posea discreción de juicio quizá no se extrañe tanto de que el uso que hacen del oro y de la plata está más en consonancia con su mentalidad que con la nuestra, considerando la diferencia que existe entre nuestras instituciones y las suyas.

No utilizan moneda, en efecto; pero la reservan para cualquier eventualidad, que bien podrá o no presentarse. Mientras tanto guardan el oro y la plata —con los que se acuña el dinero— sin estimarlos más de lo que merece su naturaleza[15]. ¿Es que no salta a la vista cuán inferiores son al hierro? Precaria sería sin este la existencia humana, no menos que sin el fuego o el agua. Porque la naturaleza no ha dado al oro y a la plata propiedades de las que no podamos fácilmente prescindir, si no fuera porque la necedad humana ha hecho estimable su rareza. En cambio, la naturaleza —madre indulgentísima— ha expuesto a nuestra vista lo mejor: el aire, el agua y la tierra misma, manteniendo recónditas las materias insustanciales e inútiles.

Así pues, si aquellas gentes encerraran esos metales en una fortaleza, podría suceder que se sospechase (infundios a los que es propenso el vulgo) que era una treta para engañar al pueblo y aprovecharse personalmente el gobernador y el Senado; y si hicieran con ellos copas u objetos de orfebrería, no sería extraño que al llegar el momento de tener que fundirlos para pagar la soldada de los mercenarios les resultase doloroso desprenderse de objetos a los que ya se habían apegado.

Para hacer frente a tales inconvenientes han ideado una solución muy en conformidad con el resto de sus institu-

---

[15] Aparte de la gran utilidad y muchos usos del hierro, la argumentación, y los elementos que a continuación se citan, parece ser una referencia del *Eclesiástico* (39, 31): «*Initium necessariae rei vitae hominum aqua, ignis et ferrum*».

ciones y tremendamente disconforme con las nuestras, que tanto estimamos el oro y tan ansiosamente lo atesoramos. Para quienes no la han vivido es una solución increíble, porque mientras que para comer y beber usan vasijas de loza y de vidrio —muy elegantes, pero de escaso valor—, con el oro y la plata hacen orinales y diversos recipientes de uso ignominioso, que se emplean en instituciones oficiales y en las casas particulares[16]. También se utilizan dichos metales para fabricar cadenas y forjar grilletes macizos con que aherrojar a los esclavos. En fin, quienes han cometido un crimen infamante llevan pendientes de oro en las orejas, anillos de oro en los dedos, collares de oro al pecho y, para remate, una banda de oro ciñe su testa. De manera que procuran por todos los medios posibles que se tenga como cosa denigrante al oro y a la plata. Por eso, cuando en los demás pueblos el desprenderse de estos metales es dolor tan intolerable como arrancarse las entrañas, los utopienses, caso de verse obligados a entregarlos todos de golpe, sentirían esa pérdida menos que si se tratara de unos céntimos.

Recogen perlas a la orilla del mar, y diamantes y granates en ciertas rocas; aunque no andan buscándolos, pulimentan los que hallan fortuitamente. Con ellos engalanan a los pequeñines, que presumen y se ufanan de esos abalorios en su primera infancia; pero al crecer un poco y darse cuenta de que solo los niños usan tales chucherías,

---

[16] Los utopienses usan el oro para comprar traidores en caso de guerra o para contratar mercenarios, ahorrando las vidas de sus ciudadanos; con ello consagran el vil destino de este metal, que también se usa para hacer cadenas que sujeten a los presos y orinales que vilifiquen su uso a ojos de todos.
«Los dioses —escribe Tácito de los germanos— les han negado el oro y la plata, no sé si por misericordia o movidos por la ira, difícil sería el decirlo... De todos modos, el uso y posesión de estos metales no les afecta tanto como podría suponerse. Tienen vasos de plata, que son regalos hechos a sus enviados y capitanes, pero ellos los tratan como si no valiesen más que si fueran de barro» (*Germania*, 5).

las desechan por puro amor propio y sin que los padres se lo indiquen, como dejan nuestros niños, al hacerse mayores, canicas, dijes y muñecas.

Costumbres tan distintas a las de otros pueblos dan origen a sentimientos muy diferentes a los nuestros, cosa que eché de ver de un modo palpable con ocasión de la embajada de los anemolianos[17]. Estando yo allí se presentaron estos en la ciudad de Amauroto y, como venían a tratar asuntos importantes, acudieron a recibirles tres representantes por cada una de las ciudades. Todos los embajadores de las naciones vecinas, que ya habían visitado anteriormente la isla y estaban al tanto de las costumbres de los utopienses, sabiendo que para estos la dignidad no depende de la vestimenta suntuosa, que desprecian la seda y que tienen al oro como objeto deshonroso, solían venir muy modestamente vestidos. Pero los anemolianos, por vivir más lejos y tener menos trato con ellos, habiéndose enterado de que toda la gente de la isla llevaba idéntico vestido, y además modesto, estaban convencidos de que no tenían otra cosa que ponerse. Y con más vanagloria que prudencia decidieron presentarse con una ostentación que reflejara la elegancia propia de los dioses y deslumbrar a los pobres utopienses con su esplendoroso aspecto.

Hicieron, pues, su entrada los tres embajadores con un séquito de cien acompañantes, todos ellos con trajes abigarrados, mayormente de seda. Los embajadores mismos —gente noble en su patria— traían ropajes labrados en oro, grandes collares y zarcillos de oro, sortijas de oro

---

[17] Del griego: *anemolios*, ventoso; y, en sentido figurado, jactancioso, vano, frívolo. Anemolius es el nombre del poeta laureado de Utopía, «sobrino de Hythlodeo por parte de su hermana» (según aparece en unos versos de los parerga introductorios a la obra, ya en la edición de 1516, aunque serían suprimidos en algunas ediciones a partir de 1519. Los versos son anónimos, acaso de Moro mismo).

en los dedos y hasta en sus sombreros refulgían las sartas de perlas y piedras preciosas en ellos prendidas. Se adornaban, en una palabra, con todo aquello que entre los utopienses es castigo de esclavos, contraseña de ignominia o baratija de chiquillos. Era espectáculo digno de ver cómo se engallaban comparando su atuendo con el vestido de los utopienses, que se habían echado en masa a la calle. Y no dejaba de ser divertido contemplar, por contraste, la inesperada decepción y chasco que se llevaban; tan seguros estaban de su éxito. A ojos de los utopienses, si se exceptúan los pocos que por algún motivo razonable tuvieron ocasión de visitar otras naciones, todo aquel despliegue de esplendor resultaba vergonzoso. Así es que saludaban con suma reverencia a los más humildes, tomándolos por señores; mientras que a los embajadores, viéndolos con cadenillas de oro, les tomaban por siervos y no les mostraban la menor deferencia.

Era de ver cómo los chiquillos que ya habían desechado perlas y piedras preciosas, al descubrir las que los embajadores llevaban prendidas en sus sombreros, avisaban a sus madres codeándolas en el costado: —¡Eh, madre!, mira a ese grandullón, todavía con perlas y piedrecitas preciosas como si fuera un chavalín.

Y la madre, toda seria, le decía: —¡Calla, hijo, que debe de ser algún bufón de los embajadores!

Otros se dedicaban a criticar unas cadenas de oro que para nada servían. Tan endebles eran que un esclavo podría romperlas sin esfuerzo; o tan sueltas que podía quitárselas de encima en cuanto se le antojase, y escapar desasido y libre.

La verdad es que los embajadores, al cabo de uno o dos días de estancia, se dieron cuenta de que su mucho ostentar el oro lo hacía más repelente, y que lo mucho que ellos lo estimaban provocaba tanto mayor desprecio; aparte de que en las cadenas y grilletes de un solo esclavo fugitivo había más oro y plata acumulados que en los adornos de ellos tres juntos. Agacharon, pues, las orejas y, avergonzados, se despojaron de todo aquel ornato que con tanta arrogancia habían desplegado; y con mayor motivo cuando, después de tratar familiarmente con los utopienses, conocieron sus costumbres y mentalidad.

Asombra a los utopienses el que puedan existir individuos que se deleiten con el fulgor incierto de una diminuta gema o piedrezuela cuando pueden contemplar cualquier estrella y hasta el sol mismo; o que haya alguien tan insensato como para creerse más noble cuanto más fina sea la lana que lleva. Porque con todo, y por muy fino que sea su hilo, antes la llevó encima una oveja, sin dejar por eso de ser otra cosa que oveja.

También les causa admiración que el oro, por naturaleza poco útil, haya alcanzado actualmente tal estima entre gentes de otros países que el hombre mismo —que es quien establece su valor— tenga un precio mucho más bajo que el metal. Tan es así que cualquier zoquete con menos chispa que un tarugo y cuya malicia esté a la par de su necedad tiene a su servicio a muchos hombres con talento y honradez, por la sencilla razón de haberle caído en suerte un montón de monedas de oro. Pero, si por un revés de fortuna o por una triquiñuela interpretativa de la ley (que en eso de poner las cosas patas arriba nada tiene que envidiar al azar), ese oro pasase de las manos de su dueño a las del más despreciable granuja de la familia, de allí a poco el amo se convertiría, con toda seguridad, en criado de su antiguo sirviente: ni más ni menos que si se tratase del rabo y añadidura de sus monedas.

Sin embargo, más les asombra, y más detestan aún, la estulticia de los que sin deber nada a esos ricachones, ni depender en nada de ellos, les rinden honores poco menos que divinos tan solo por tener riquezas: a sabiendas de que

137

esos ricos son tan miserables y cicateros, que pueden tener la absoluta seguridad de que no van a tocar una moneda en toda su vida de aquel montón de dinero.

Estas y otras ideas semejantes las han adquirido, en parte, a través de la educación recibida en un Estado que se basa en instituciones que contradicen tal género de tonterías; y, también en parte, por la formación doctrinal y los estudios. Porque aunque solamente se dispensa de cualquier otro trabajo a unas pocas personas en cada ciudad, para que se consagren únicamente al estudio (y son quienes desde la infancia destacan por sus dotes excepcionales y una sobresaliente inteligencia y disposición para el estudio de las humanidades), sin embargo, a todos los niños se les inculca la instrucción literaria; y una buena parte de la población —hombres y mujeres— durante toda su vida dedican al estudio las horas, ya mencionadas, en que están libres de trabajo[18].

La enseñanza de las disciplinas se imparte en lengua vernácula, que, por cierto, no es escasa de vocablos ni desagradable al oído, ni hay otra que más fielmente exprese los sentimientos. Esa lengua, salvo corrupciones y variantes regionales, se extiende por casi toda aquella zona del orbe terrestre.

De todos los filósofos cuyo nombre es famoso en esta parte del globo que conocemos, ni siquiera les había llegado hasta allí la celebridad de uno de ellos, antes de nuestra visita. Así y todo, alcanzaron a hacer los mismos descubrimientos, poco más o menos, que nuestros antiguos sabios en los campos de la música, dialéctica, aritmética y geografía. Sin embargo, aun estando a la altura de los antiguos

---

[18] El desprecio de las letras en favor de las armas era bastante común en la época. Cuando Moro escribe que «a todos los niños se les inculca la instrucción literaria» está abogando por la educación general obligatoria, que en Utopía comienza por el leer y escribir, continuando con clases y conferencias educativas para todos los ciudadanos en las horas libres de trabajo.

clásicos en la mayoría de los aspectos, se hallan muy por debajo de la inventiva de nuestros modernos dialécticos. No han descubierto ni una sola de esas reglas —de restricción, de amplificación y de suposición— lucubradas con tanta agudeza en los «Rudimentos de lógica» que siempre estudian por aquí los niños. Muy lejos están, por lo demás, de poseer capacidad indagatoria de las «segundas intenciones»: por lo que ninguno de ellos ha logrado echar el ojo encima a eso que llaman «hombre en abstracto», aunque —como es sabido— se trata de todo un coloso, un ser mucho más que gigantesco, y que hasta con el dedo le podemos nosotros señalar[19].

En cambio son gente muy versada en lo que se refiere al curso de los astros y al movimiento de los cuerpos celestes. Con gran ingenio, por cierto, han ideado aparatos de diversos tipos para determinar con suma exactitud el movimiento y posición del sol, y de la luna, y de los demás astros que aparecen por su horizonte. En cuanto a las conjunciones y oposición de los planetas y todo ese embeleco del arte adivinatoria por los astros, ni se les ocurre soñarlo[20].

---

[19] Pocas semanas antes de escribir esta página de la Utopía, debatía Moro el tema de la enseñanza de las ciencias filosóficas y teológicas, en defensa del *Elogio de la Locura* de Erasmo, contra el teólogo Martin Dorp. En carta de Brujas del 21 octubre de 1515, dirigida a Dorp, pasando revista a los errores contenidos en los textos escolares, decía de estas *Parva Logicalia* (Pequeñas Lógicas) que debían su nombre a su poca lógica: *quod parum habeat Logices* (cfr. *The Correspondence*, p. 38).

Toca aquí también Moro el abuso en los distingos y subdivisiones en la Lógica formal, la desviación de la auténtica orientación aristotélica, el problema medieval de los universales, etc.

[20] El arte de la astrología judiciaria o adivinatoria juega un importante papel en las antiguas civilizaciones de Egipto y Mesopotamia. La predeterminación del curso de una vida humana, según la disposición del firmamento al momento de nacer, llevaba a la falsa creencia de poder predecir el futuro de una persona. Esta superchería contra la que lucharon los Padres de la Iglesia, especialmente San Agustín, que trata el asunto en su *De civitate Dei* (V, 1-8), cobró nuevo auge en la Baja Edad Media y aún durante el Renacimiento.

Predicen la lluvia, los vientos y cambios atmosféricos, por la mucha experiencia que tienen de ciertos signos basados en la observación. Y, en lo referente a las causas de todos esos fenómenos: mareas, salinidad de las aguas y, más en general, el origen y naturaleza del universo, en parte están de acuerdo con nuestros viejos filósofos; y en parte, igual que ellos, disienten entre sí. De forma que al aducir teorías nuevas sobre los fenómenos naturales no llegan a ponerse de acuerdo con los viejos filósofos, pero tampoco concuerdan del todo entre ellos mismos.

En el sector de la filosofía moral, las cuestiones que debaten son las mismas que nosotros debatimos: investigan sobre los bienes del alma y los del cuerpo, y sobre los que nos son externos, y sobre si la denominación de «bien» puede aplicarse a diversos aspectos o solamente a las cualidades del alma. Discuten acerca de la virtud y del placer; pero la principal y fundamental de las controvesias reside en averiguar si la dicha del hombre deriva de una o de varias causas. Cuestión esta en la que parecen más inclinados de lo que sería razonable a sostener que toda la felicidad del hombre reside en el placer, o al menos una buena parte de ella. Y lo más sorprendente es que recurran precisamente a la religión —grave y severa, y hasta adusta y rígida— en apoyo de doctrina tan placentera. Al discutir sobre la felicidad nunca dejan, por tanto, de utilizar, junto con los razonamientos propios de la filosofía, algunos principios derivados de la religión. Piensan que la razón sería de por sí manca y floja, si le faltasen aquellos, en la búsqueda de la verdadera felicidad[21].

---

[21] Los utopienses son felices y están satisfechos de vivir en paz y disfrutando de todos los bienes que precisan, en cuanto al vestido, alimento y otros bienes materiales. Esta felicidad no proviene automáticamente de las instituciones y leyes con que se gobierna la isla, ni de la inexistencia de la propiedad privada, sino de su educación ética y de su conducta personal.

Para un cristiano el sumo Bien es Dios y a Él encamina todas sus actividades, guiado por la Revelación y acomodándose a los mandatos divinos, en

Esos principios son los siguientes: que el alma es inmortal y, por bondad divina, nacida para ser feliz; que a nuestras virtudes y buenas obras les guarda el premio después de esta vida; y a nuestros crímenes, el castigo. Y aun cuando estos principios pertenecen a la religión, ellos estiman, sin embargo, que la razón nos induce a creerlos y admitirlos. No sienten vacilación alguna en afirmar que, si se eliminasen, no habría nadie tan estúpido que no procurase obtener el placer por cualquier medio, lícito o no, atento tan solo a que un pequeño placer no le fuese impedimento para disfrutar de otro mayor, y a que el placer buscado no le acarrease, de rechazo, un sufrimiento. Porque tratar de conseguir la virtud —que es áspera y desabrida—, rehusando no solamente los halagos de la vida, sino sufriendo voluntariamente el dolor sin esperar ganancia alguna, lo consideran auténtico desvarío. (¿Qué ganancia irían a sacar en limpio, si después de pasar esta vida en continuo sinsabor, esto es, infelizmente, nada lograsen una vez muertos?)

Ahora bien, no es que piensen propiamente que la dicha consiste en cualquier género de placer, sino solo en el que es bueno y honesto. Es la virtud misma la que hace que nuestra naturaleza se sienta atraída hacia ese placer, como hacia un bien supremo; aunque otra escuela doctrinal opuesta sostiene que la dicha consiste, exclusivamente, en la virtud.

Según ellos, la virtud se define como un vivir con arreglo a la naturaleza, por ordenación de Dios; y sigue el curso de la naturaleza quien, al apetecer o rechazar algo, se somete a la razón. Es ante todo la razón la que inicialmente inflama a los hombres en amor y reverencia a la Majestad divina,

---

armonía con la razón y la naturaleza. Los utopienses, en cambio, han de buscar la felicidad y el comportamiento virtuoso guiándose solo por la razón que descubre algunos principios religiosos fundamentales; a saber: que el alma es inmortal, que hemos nacido para ser felices y que nuestras buenas obras serán premiadas en la otra vida.

a la que debemos nuestra existencia y nuestra capacidad de gozo; y la que, en segundo término, nos invita y anima a que vivamos con la mínima angustia y la mayor alegría posibles, y a que estemos dispuestos —en virtud de la comunidad de naturaleza— a ayudar al prójimo a conseguirlo. Jamás ha existido partidario tan adusto y severo de la virtud y tan aborrecedor del placer que impusiera trabajos, desvelos y penalidades sin mandar, que al mismo tiempo se aliviasen con solicitud la pobreza y miseria ajenas, estimando digno de elogio —por motivos humanitarios— que el hombre sea para el hombre ocasión de salvación y consuelo. Nada más humanitario (y ello es virtud peculiar del hombre) que el mitigar sufrimientos ajenos y, eliminando tristezas, devolver a otros el goce de la vida, es decir, el placer. ¿Por qué no va, pues, la naturaleza a incitarnos a hacer otro tanto con nosotros mismos? Una de dos: o la vida dichosa —esto es, placentera— constituye un mal (en cuyo caso has de procurar que nadie la siga y todos la eviten como cosa nociva y mortífera); o bien, ya que no se trata de algo lícito sino que es además un deber el procurar a otros esa dicha, ¿por qué no empezar por ti mismo, ya que es más natural preocuparse de uno mismo que no del prójimo? De manera que si la naturaleza te pide que te muestres bondadoso para con los demás, no te va a exigir, por el contrario, que seas severo y despiadado contigo mismo[22].

---

[22] Moro reduce la búsqueda de la felicidad a dos escuelas filosóficas: la de los estoicos, por la práctica de la virtud; y la de los epicúreos, por el disfrute del placer. Al mostrar que los utopienses se inclinan por la doctrina de Epicuro, en lugar de la sobriedad estoica, el lector se mostrará sorprendido. Pero no se trata sino de un golpe de efecto, ya que la *voluptas,* placer sensorial, tiene entre los utopienses otro valor distinto («movimiento o estado —corporal o anímico— en que, por atracción natural, experimentamos deleite»). La «vida deleitosa», según los utopienses, es, pues, exigida por la naturaleza y conforme a la razón. De forma que su hedonismo se orienta a la actividad virtuosa. En soporte del «comunismo» que se vive en Utopía, que es un comunismo *sui generis,* están,

Por lo tanto, para los utopienses la vida deleitosa (esto es, considerar el placer como fin de todas nuestras actividades) viene prescrita por la misma naturaleza; y el vivir conforme a esa prescripción es lo que ellos definen como virtud. De todos modos, la naturaleza invita a los hombres a prestarse mutua ayuda para que la vida resulte más agradable: y tiene sus buenas razones para ello, pues nadie se halla tan por encima del resto de los humanos como para acaparar la atención de la naturaleza, que debe ocuparse por igual de cuantos seres abraza en la comunión de una misma forma. No ha de extrañarnos, por consiguiente, que la naturaleza nos inste de continuo a tener en cuenta que la búsqueda del bienestar personal no debe causar malestar al prójimo. Y, por lo que se refiere al reparto de los bienes que hacen la vida agradable —es decir, los que causan placer—, estiman que deben cumplirse tanto los contratos entre particulares, como las leyes públicas (ya sean las promulgadas por un buen príncipe o las ratificadas por el común sentir de un pueblo libre de opresiones tiránicas y falaces enredos).

Si buscamos satisfacción personal respetando esas leyes, actuamos con prudencia; pero si además procuramos el bien general, actuamos virtuosamente. Sin embargo, privar a otros de un placer, buscando la propia satisfacción, revela clara injusticia; mientras que al privarse de algo para cederlo al prójimo se cumple con un deber de humanitarismo y benevolencia. Actuar así no significa una pérdida, sino

---

además de la eliminación del dinero y de la propiedad privada, las instituciones sociales y políticas y, sobre todo, la unidad de afecto y sacrificio mutuo de todos sus miembros. En Utopía se vive no solamente una comunidad de bienes (comunismo económico), sino también una comunidad de benevolencia y humanitarismo, cuyas prestaciones al prójimo, ya sea haciéndole un servicio o ya sea renunciando a un placer en su favor, quedan recompensadas por Dios en último término. Muy lejos se halla, por lo tanto, el comunismo utopiense del marxismo.

más bien la ganancia de mayores bienes: por los beneficios que se obtienen a cambio, y también por tener conciencia de haber realizado una buena acción. La memoria del cariño y benevolencia de la persona a la que se ha beneficiado produce mayor deleite al alma que el placer físico que pudiéramos obtener de aquello a lo que se renunció. Es Dios, en último término, quien recompensa la renuncia a un placer efímero y menudo con un gozo grande e inacabable (el sentimiento religioso lleva a las almas dóciles a aceptar esto sin dificultad). Así que, luego de haber sopesado atenta y cuidadosamente esta cuestión, mantienen que todas nuestras acciones, incluidas las virtuosas, tienden en definitiva al placer como a su fin y felicidad.

Por placer entienden todo movimiento y estado —corporal o anímico— en que, por atracción natural, experimentamos deleite. Y no dudan en calificarlo de apetito natural, porque no son solo los sentidos sino también la recta razón quienes buscan lo placentero según la naturaleza: es decir, la tendencia a algo que no implica injusticia, ni la pérdida de un mayor placer, ni acarrea fatigas. Asimismo mantienen que todo eso que los mortales se imaginan placentero —al margen de la naturaleza y en virtud de una ilusoria concepción, como si con un simple cambio de vocablos pudieran trasmudar la realidad de las cosas—, todo eso, dicen, en nada contribuye a la felicidad sino que representa un grave impedimento. Porque cuando esa falsa noción acerca del placer está ya instalada en el alma, toma posesión de ella y no deja lugar a los verdaderos y auténticos placeres.

Muchas son las cosas que nada tienen en sí de agradables, sino que más bien contienen una buena dosis de amargura; y, sin embargo, a causa del depravado atractivo de ilícitas pasiones, las consideramos placeres supremos y hasta se cuentan entre los factores primordiales de la existencia. De los que persiguen ese género de placeres espurios son la gente a que anteriormente me refería: los que creen valer más por llevar vestidos más valiosos. En este punto cometen ya un doble error: el engaño en que incurren al sobrevalorar su vestido no es menor que el de sobrevalorarse a sí mismos. Examinemos el vestido que usan: ¿es que la lana de hilo fino es superior a la de hilo basto? Se imaginan superdotados por la naturaleza y no por su propio engaño; se pavonean como si en sus personas revirtiese una buena parte del valor de la tela; por eso, yendo vestidos con elegancia, exigen como por derecho propio una deferencia que no se atreverían a exigir si llevasen un vestido más burdo ; y cuando alguien pasa a su vera sin prestarles atención se indignan.

Pero, ¿no es una muestra más de ese mismo género de idiotez el presumir de honores vanos e inútiles? ¿Qué placer puede reportaros —me refiero al natural y auténtico placer— el que alguien se descubra la cabeza o doble la rodilla? ¿Acaso es eso un remedio para vuestro dolor de rodillas, o se os quitará con ello la jaqueca?

Dentro de esa engañosa concepción de voluptuosidades es sorprendente ver con cuánta naturalidad pierden el seso quienes ceden al halago de grandeza nobiliaria, felicitándose por tener la suerte de descender de una larga línea de antepasados con reputación de ricos (que en eso y no en otra cosa consiste actualmente la nobleza, sobre todo en fincas heredadas); pero, con todo, se imaginan no tener una pizca menos de nobleza, aunque sus antepasados no les hubieran dejado nada o ellos hubieran derrochado su herencia.

También incluyen entre este tipo de gentes, como he dicho, a los amantes de gemas y piedras preciosas; los cuales se tienen por dioses si consiguen hacerse con un raro ejemplar de esos que en un momento determinado alcanzan extraordinaria estimación en su país (porque es cosa sabida que el valor de esas piedras preciosas no se mantiene invariable en cualquier época o lugar). Cuando las compran, ha de ser desmontadas y sin engaste de oro; pero ni aun así están satisfechos: exigen certificación jurada y garantía del vendedor de que se trata de una gema auténtica, de que la piedra es genuina. Hasta tal punto llega su preocupación de tomar por verdadera una piedra falsa. Pero, ¿por qué ha de causar menos placer la contemplación de una gema espuria, si el ojo no la distingue de la genuina? El mismo valor debieran tener para nosotros una u otra; por supuesto, no menos del que tendrían para un ciego.

En cuanto a los que acumulan riquezas superfluas, no con el propósito de utilizarlas sino por el deleite que les causa ver cómo se amontonan, ¿es que disfrutan realmente, o no son acaso juguete de un placer engañoso? O ¿qué decir de los que están aquejados del vicio contrario, los que esconden el oro que no piensan usar nunca, y que acaso no vuelvan a ver jamás?; con tanto desasosiego por no perderlo lo pierden totalmente. Porque ¿qué otra cosa es el devolverlo a las entrañas de la tierra sino privarse de utilizarlo y, posiblemente, de que lo utilicen los demás? Y mientras tanto retozas jubiloso, con tu tesoro bien escondido, como si tuvieras el alma a salvo; pero, ¿qué pasaría si alguien te lo roba, y diez años más tarde mueres tú sin haberte enterado de ello? ¿Es que te ha afectado en algo el que, durante el decenio en que sobreviviste a la sustracción, el dinero hubiese sido robado o se hallase a buen seguro? Realmente te ha servido de muy poco en cualquiera de los casos.

A la lista de estos descarriados placeres agregan el de los jugadores de dados (de cuya locura nada saben por experiencia, pero sí de oídas), y también el de los cazadores y cetreros. ¿Qué placer se saca —dicen— con echar los dados sobre un tablero? Aunque se disfrute con ello, ¿no se acaba, a fuerza de repetirlo, por sentir hastío? O ¿qué puede haber de agradable en oír ladridos y aullidos de perros?; ¿no es más bien un fastidio? ¿Es que se siente mayor placer viendo a un perro perseguir a una liebre que a un perro perseguir a otro perro? Si lo que te divierte es la carrera, en ambos casos se trata de lo mismo: de correr; pero si lo que aguardas es que llegue a consumarse una matanza ante tus propios ojos, entonces debiera moverte a piedad el espectáculo de ver a un lebrato destrozado por un perro: el débil por el más fuerte, el tímido y huidizo por el feroz; en fin, el inofensivo por el cruel[23].

Por eso, los utopienses ven todas las operaciones del ejercicio venatorio como cosa indigna de hombres libres, relegándolas a los carniceros, siendo los siervos —como dijimos— quienes desempeñan este oficio, pues la caza se considera como el más vil de los menesteres. Como más útiles y honrosos se consideran los otros quehaceres propios del oficio de carnicero, por ser de mayor provecho. A los animales, en efecto, se les sacrifica por pura necesidad, mientras que el cazador busca tan solo el placer de matar y despedazar a un mísero animalillo. Y opinan que el deleite de contemplar una matanza, aun tratándose de bestias, o bien emana de una cruel propensión del sentimiento, o bien acaba desembocando en crueldad si se practica habitualmente placer tan embrutecedor.

Ese tipo de actividades y otras semejantes, que son muchas y que para la masa del pueblo pasan como placeres, ellos las consideran tajantemente incompatibles con el auténtico placer, puesto que por su naturaleza nada tienen de agradables. Opinión que mantienen firmemente por más

---

[23] Entre «los placeres descarriados» (*ineptas laetitias*) ponen la caza, que tanto en la Antigüedad como en el Renacimiento se consideraba ejercicio pertinente para el desarrollo físico y adiestramiento para la guerra. Para cultivar el valor hay un tipo de caza, decía Platón: «la captura de cuadrúpedos con ayuda de perros y caballos, y con esfuerzo personal» (*Leyes,* VII, 824).

Muy distinta era la actitud de Moro, enemigo de toda violencia y crueldad, y amante de los animales, pues según cuenta Erasmo tenía en su casa pájaros raros, un mono, perros, un hurón y otros bichos (cfr. Allen, IV, 999).

que dichas actividades produzcan entre el vulgo sensaciones de gozo (que tal parece ser la función del placer); pero la causa de ello no debe atribuirse a lo que hay de esencial en tales operaciones sino a la depravación de los hábitos, que nos lleva a tomar por dulce lo que es amargo. No otra cosa sucede a las mujeres embarazadas, que al corrompérseles el gusto, encuentran más dulce la pez y el sebo que la misma miel. Ninguna persona a quien la enfermedad o el hábito haya depravado su facultad estimativa podrá cambiar la naturaleza del placer, o de cualquier otra cosa.

Los placeres que ellos reconocen como auténticos los dividen en varios géneros: unos relacionados con el alma y otros con el cuerpo. Al alma asignan la intelección y el deleite que dimana de la contemplación de la verdad; a lo que debe añadirse la grata memoria de una vida bien empleada y la esperanza cierta de unos bienes futuros.

En cuanto al placer corporal, lo dividen en dos clases: la primera comprende aquellos placeres que inundan nuestros sentidos con percepciones agradables. Esto se produce cuando se restauran los miembros que se hallan debilitados por la pérdida de calor orgánico (el cual se repone con la comida y la bebida), o cuando el cuerpo elimina excesos que le sobrecargan (placer que se experimenta cuando purgamos el vientre de excrementos, realizamos el acto de la generación, o calmamos el prurito de algún miembro al frotarlo o al rascarse). Hay ocasiones, sin embargo, en que el placer se produce sin que restituyamos a nuestros miembros algo que reclaman, ni se les libere de algo que les molesta, sino por una especie de fuerza secreta —aunque patente por su moción— que cosquillea y afecta nuestros sentidos con una atracción similar a la originada por la música.

La segunda clase de placeres corporales consiste, a su parecer, en un estado de sosiego y estabilidad física, esto es, en una condición en que ningún malestar altera nuestra salud:

pues es indudable que, aunque no exista un estímulo extrínseco del placer, el estar libre de aflicciones dolorosas causa de por sí deleite. Porque la salud, que para la sensibilidad es más leve y menos perceptible que las ganas impulsivas de comer o beber, no por eso dejan de considerarla muchos como el supremo placer, y casi todos los utopienses proclaman su gran importancia en cuanto base y fundamento de todo placer. Ella sola basta para que la condición de nuestra existencia resulte plácida y deseable; y, si se prescinde de ella, no hay cabida para ningún otro placer. A la absoluta carencia de dolor, si no se goza de salud, no la denominan placer sino entumecimiento.

Tiempo ha que rechazaron la postura de quienes sostenían que el gozar de salud perfecta e inalterable no debe considerarse como tal placer, ya que no es posible percatarse de su presencia a no ser que una moción externa nos lo haga sentir; y este punto lo han debatido a fondo entre ellos. Hoy día, en cambio, se muestran unánimes, casi sin excepción, en considerar la salud como uno de los placeres primordiales. La cuestión que se plantean es que si la enfermedad produce dolor (enemigo declarado del placer, al modo que la enfermedad lo es de la salud), ¿por qué no existirá placer, a la inversa, en el apacible disfrute de la salud? Poco importa, según ellos, el decir que la enfermedad es dolor o que el dolor es inseparable de la enfermedad: el resultado es el mismo en ambos casos. Porque ya sea de por sí la salud un verdadero placer, o ya engendre necesariamente placer —a la manera que el fuego produce calor—, en cualquiera de los dos casos, a quienes disfrutan de una salud estable no les faltará el placer.

Pregúntanse también qué sucede cuando comemos: ¿no se entabla un combate entre la salud —que comienza a desfallecer y es auxiliada por el alimento— y el hambre?; y conforme va recobrando fuerzas la salud, el hecho de recuperar su acostumbrado vigor, ¿no nos produce el placer de sentirnos restablecidos? ¿Es que la salud, que se regocija en esta pelea, no va a experimentar gozo al obtener la victoria? Tan pronto haya recobrado con felicidad su anterior fortaleza, única razón que le llevó a la pelea, ¿va a caer inmediatamente en el torpor?; ¿es que no va a reconocer y aferrarse a sus propios bienes? Afirmar, por tanto, que la salud es algo que no se siente, constituye una opinión que, a juicio de ellos, está muy lejos de ser verdad. ¿Quién está despierto —dicen— que no sienta su buena salud, excepto quien no goza de ella?; y si no se encuentra muy aturdido o aletargado, ¿quién no reconoce que la salud es agradable y deleitosa?; y ¿qué es la deleitación sino placer, por otro nombre?

Se atienen sobre todo a los placeres del espíritu, que consideran de la máxima importancia, y que mayormente provienen, en su opinión, del ejercicio de las virtudes y de la conciencia de llevar una vida honorable. Y, en cuanto a los placeres que el cuerpo nos proporciona, dan la palma a la salud. Porque el agrado de comer y beber, y otros deleites semejantes, solamente resultan apetecibles —piensan ellos— por referirse a la salud; de por sí tales placeres no son agradables sino en cuanto sirven de contención a las enfermedades que subrepticiamente nos minan la salud. El hombre sabio prefiere, por tanto, prevenir enfermedades a tener luego que buscarles remedio. Si alguien se considerase feliz con esa clase de placeres, tendría que reconocer que su felicidad se cifraría en llevar una vida de perpetua hambre, sed y prurito: que se traduciría en un continuo comer, beber, frotarse y rascarse. Y ¿quién no caería en la cuenta de lo lastimoso y miserable de esa vida? Es indudable que esos placeres son de ínfima categoría, por ser los menos auténticos: nunca se presentan si no es acompañados de dolores contrapuestos. Así, por ejemplo, al placer de la comida va vinculada el hambre, pero en términos que no guardan proporción: porque cuanto más aguda es el hambre tanto más se prolonga también el dolor (este surge antes que el placer y no se extingue hasta desaparecer juntamente con el placer).

Según ellos no hay que conceder demasiada importancia a este tipo de placeres, a no ser que vengan exigidos por la necesidad. Disfrutan y reconocen gozosos, en cambio, la bondad de la madre naturaleza, que con suave dulzura impele a sus hijos a realizar a menudo operaciones ineludibles. Qué molesta resultaría la vida si hubiera que rechazar con pócimas y fármacos amargos —como si se tratase de enfermedades que de vez en cuando nos asaltan— esas otras dolencias cotidianas que son el hambre y la sed.

Cultivan de buen grado la belleza, la fortaleza y la agilidad, como dones genuinos y venturosos de la naturaleza, y también los placeres que nos llegan a través del oído, de los ojos o de la nariz, y que han sido asignados al hombre como propios y específicos de su naturaleza. Ningún otro género de ser viviente admira la belleza y hermosura del universo, o se conmueve al encanto de los olores —si no es para escoger alimento—, ni distingue las distancias entre los acordes y las disonancias del sonido. Estos placeres los buscan como aderezo de una agradable existencia, pero ateniéndose siempre a la norma de que el placer menor no constituya un estorbo para gozar de otro mayor, y que los placeres no originen nunca dolor (lo cual sucedería por fuerza, piensan ellos, si se tratara de un placer indecente). Por otro lado, el despreciar las gracias de la hermosura, el malgastar fuerzas, el perder agilidad por desidia, el agotar el cuerpo con ayunos, el dañar la salud y rechazar los demás atractivos naturales, todo eso es para ellos extremada locura y muestra de una mentalidad que es cruel consigo misma y desagradecida para con la naturaleza, porque renuncia a sus favores y desdeña reconocer una deuda. Se exceptúa el caso de quien descuida su propio interés con el fin de buscar afanosamente el bien del prójimo o el bien social, esperando que Dios le conceda a cambio un mayor placer, ya que de otra forma de muy poco le serviría obtener una vana sombra de virtud o hacer más llevaderas unas contradicciones que quizá nunca sobrevengan.

Tal es su teoría sobre la virtud y el placer; y sobre este tema piensan que la razón humana no podrá alcanzar mayor certidumbre, a no ser que por inspiración religiosa venida del cielo, tengan los hombres ideas más santas[24]. En cuando a si están o no en lo cierto, ni disponemos de tiempo para discutirlo, ni es preciso hacerlo, pues a lo único que yo me he comprometido es a describir sus instituciones, pero no a tener encima que defenderlas. De una cosa estoy seguro, sin embargo, y es que, mírense como se miren estas prácticas, no existe en el mundo pueblo más excelente ni Estado más feliz.

Son gente de cuerpo ágil y constitución robusta, con más brío de lo que pudiera presumirse por su estatura, que no es baja, ni mucho menos. Ni todo el suelo que ocupan es fértil ni el clima demasiado saludable; pero se protegen contra las inclemencias del tiempo llevando un régimen de sobriedad, y compensan las deficiencias de la tierra con tal laboriosidad, que no existe país en el mundo con mayor abundancia de productos agrícolas y de ganado, ni existen hombres más vigorosos y menos propensos a enfermedades. Es cosa de ver el empeño que ponen en las acostumbradas

---

[24] Luego de considerar el valor de los placeres corporales y del espíritu, y de otros más refinados y estéticos, sería «extremada locura» para los utopienses desdeñar lo que nos ofrece la naturaleza. Hay, sin embargo, una excepción: la de quien pospone su disfrute en favor del prójimo, «esperando que Dios le conceda a cambio un mayor placer»; de forma que, en última instancia, el humanitarismo también conduce al placer y a la felicidad. Hasta aquí llega la razón humana en su discurso sobre la virtud y el placer, falto el hombre de una revelación divina que le eleve a un ideal de mayor santidad.

faenas del campo, cómo aplican arte y trabajo para hacer rendir a terruños de por sí poco productivos, y cómo arrancan también de raíz todo un bosque a fuerza de brazos y lo trasplantan a otro lugar. No hacen esto por razones de productividad sino de transporte, al objeto de tener la madera cerca del mar, de los ríos o de las ciudades (el transportar troncos a largas distancias y por vía terrestre siempre resulta más laborioso que el transporte de las cosechas).

Es pueblo afable y alegre, ingenioso y amante del ocio; dado el caso, son muy resistentes a los trabajos físicos, y, aunque moderados en cualquier clase de esfuerzo, en los afanes intelectuales se muestran infatigables. Cuando les informamos acerca de la literatura y conocimientos de los griegos (pues no parecían demasiado interesados en los latinos, excepto en su historia y poesía) era admirable su tesón y cómo porfiaban para que les instruyésemos interpretándoles los textos[25].

Comenzamos, pues, a comentárselos. En un principio —he de confesarlo—, más porque no pareciera que rehusábamos tomarnos esa molestia que porque esperásemos fruto alguno. No obstante, al avanzar un poco nos dimos pronto cuenta de que el trabajo no era en balde, por la aplicación que ponían. Eran tan diestros en reproducir la escritura, con tal soltura pronunciaban los vocablos, memorizando con tanta rapidez y traduciendo con tanta fidelidad, que nos parecía milagroso, si no fuese porque la mayoría de los que se dedicaban a esos estudios, además de hacerlo porque les venía en gana, habían sido designados por mandato del Senado (el grupo lo componían gente de letras, de ingenio privilegiado y edad madura). De forma que en menos

---

[25] Insistían los humanistas en la necesidad de estudiar el griego. Véanse las cartas de Moro a Dorp (1515) y a la Universidad de Oxford (1518) sobre la utilidad de esta lengua (cfr. *The Correspondence*, pp. 63 y ss.; y 113 y ss.)

de tres años dominaban la lengua, leyendo sin dificultad a los buenos autores, salvo los textos alterados por erratas. Creo que hay motivos fundados para pensar que esa facilidad para hacerse con los textos literarios se debe a cierta afinidad con su propia lengua. Sospecho, incluso, que esa nación proviene de los griegos, porque su lengua —por lo demás muy parecida al persa— conserva no pocos vestigios del griego en los nombres de ciudades y de cargos públicos.

Tienen algunos libros míos, ya que al ir a embarcarme para el cuarto viaje, en lugar de mercancías me llevé a la nave un buen paquete de ellos, pues estaba más decidido a no regresar nunca que a volverme pronto. En su mayor parte eran obras de Platón, otras muchas de Aristóteles, y también el tratado «Sobre las plantas» de Teofrasto, aunque mutilado en numerosos sitios, cosa que lamento[26]. Esto porque, en un descuido que tuve durante la navegación, dio con él un mono, que con sus travesuras y como jugueteando, esta quiero y esta no quiero, arrancó algunas páginas, destrozándolas.

De los gramáticos poseen solo el Lascaris, porque no me llevé el Teodoro ni otros diccionarios aparte de los de Hesiquido y Dioscórides. Es muy grande la estima en que tienen los libros de Plutarco, y les encantan las bromas y agudezas de Luciano. De entre los poetas cuentan con Aristófanes, Homero y Eurípides, y la edición aldina de Sófocles, de minúsculo formato. De los historiadores: Tucídides y Heródoto, y también Herodiano. En cuanto a la medicina, un compañero mío, Tricio Apinato, había llevado consigo algunas obras de Hipócrates y la «Microtechné» de Galeno,

---

[26] La lista de los clásicos que llegaron a manos de los utopienses se inaugura con los nombres de los dos grandes filósofos: Platón (citado varias veces en la *Utopía*) y Aristóteles.

a las que tienen gran aprecio[27]. Por cierto que, aun siendo uno de los pueblos que menos precisan de la medicina, estiman más esta ciencia que ninguna otra, como lo demuestra el hecho de que clasifiquen sus conocimientos entre las partes más bellas y útiles de la filosofía.

Cuando con ayuda de la filosofía escudriñan los secretos de la naturaleza, piensan que, además del admirable deleite que con ello obtienen, se hacen sumamente propicios a los favores del Creador y Artífice de la naturaleza. Creen que, al igual que los demás artífices, expone la máquina de este mundo a la contemplación del hombre, único ser al que hizo capaz de encararse con semejante maravilla, por lo que muestra mayor agrado hacia el que admira su obra, como observador curioso e inteligente, que no hacia quien, como animal romo de entendimiento, lelo e indiferente, no presta atención a espectáculo tan grandioso y estupendo.

Así pues, el ingenio natural de los utopienses, ejercitado en los saberes literarios, se aplica asombrosamente a las invenciones técnicas que contribuyen a mejorar nuestra existencia. De dos artes, sin embargo, nos son deudores: de la imprenta y de la fabricación del papel, aunque no se deba enteramente a nosotros solos sino a ellos también, en buena parte. Porque cuando les mostramos los caracteres impresos por Aldo[28] en libros con hojas de papel, el material con que se hace el papel y la posibilidad de imprimir los caracteres, poco pudimos explicarles (nadie de entre nosotros dominaba esas dos industrias) pero enseguida se hicieron cargo del asunto con muchísima agudeza. Y si antes no escribían más que en pergamino, cortezas de árbol y papiro, inmediata-

---

[27] Se trata del *Ars Medica* de Galeno, conocida también como *Ars parva* en la Edad Media, por oposición a su obra más extensa, el *Megalotechnum*.

[28] Aldo Manuzio, impresor veneciano, murió en febrero de 1515; tal vez la repetida mención que de él se hace sea, por parte de Moro, un homenaje a su labor de humanista.

mente trataron de fabricar papel e imprimir con caracteres. Al principio no hacían adelantos, pero, a fuerza de ensayar, pronto se hicieron con ambas artes, hasta el punto de que no les faltarían libros, estoy seguro, si dispusieran de ejemplares de obras griegas. De momento no cuentan con otros que los ya mencionados, pero los impresos están difundidos en millares de ejemplares.

A quienes van allí para hacer una visita, avalados por sus excelentes dotes intelectuales o con la experiencia de las muchas tierras recorridas —motivo por el que fuimos acogidos favorablemente al desembarcar—, a esos se les recibe con los brazos abiertos. Gustan mucho de oír lo que pasa por el ancho mundo, aunque es raro que alguien arribe allí con fines comerciales. Aparte del hierro, ¿qué podrían llevarles, sino oro o plata? (y estos metales, claro está, preferirían traérselos a cambio). En cuanto a lo que tienen que exportar, consideran más prudente encargarse ellos mismos del transporte que no el que otros vayan a buscar las mercancías; gracias a ello obtienen información acerca de las naciones de fuera y no pierden, por falta de práctica, su pericia en las cosas de la mar.

Los esclavos

No someten a esclavitud a los prisioneros de guerra (a no ser que se trate de quienes la promovieron), ni a los hijos de esclavos, ni tampoco a los que compran en países en que tenían condición de esclavos[29]. Sin embargo, sí tienen como

---

[29] La palabra *servus* tiene en este capítulo diversos significados y matices, ya de siervo ya de esclavo. La esclavitud en Utopía difiere de la del mundo de la Antigüedad en que los esclavos no forman una clase social, ni siquiera una capa de la población, por su escaso número. No existiendo la propiedad privada en toda la isla, los esclavos están vinculados a servicios sociales y trabajos públicos.

tales a aquellos de entre sus propios ciudadanos que por algún delito han sido reducidos a esclavitud; o bien, caso más frecuente, a los ciudadanos extranjeros que, convictos de alguna fechoría, fueron condenados a muerte en sus ciudades de origen. A muchos de estos se los traen, comprándolos a bajo precio y a menudo sin tener que pagar nada. Los esclavos de este tipo son condenados a trabajos perpetuos y se les mantiene además encadenados. Mayor dureza emplean aún con sus conciudadanos, pues juzgan mucho más deplorable su conducta, y merecedora de un escarmiento más ejemplar, porque habiendo recibido una excelente educación para llevar vida virtuosa no han sido capaces de rechazar la atracción de la delincuencia.

Hay también otra clase de esclavos, formada por gente extranjera, trabajadores pobres que deciden voluntariamente prestar sus servicios. A estos se les trata con consideración y, aparte de que se les exige un poco más de trabajo por estar habituados a ello, su condición no es menos humanitaria que la de los demás ciudadanos. Al que quiere marcharse —lo que no ocurre con frecuencia—, ni se le retiene a la fuerza ni se le despide con los bolsillos vacíos.

A los enfermos —como he dicho— se les atiende con mucho cariño, sin dejar de poner todos los medios —medicación o régimen— para que recobren la salud. Es más, a quienes sufren una enfermedad incurable les reconfortan acompañándolos y dándoles conversación, o haciendo cuanto pueda serles de alivio. Pero si la enfermedad, además de ser incurable, comporta dolencias realmente constantes e insoportables, entonces los sacerdotes y magistrados exhortan al paciente en estos términos: al estar incapacitado para cumplir con las exigencias de la vida, causando molestias al prójimo y siendo una carga para sí mismo al sobrevivirse, no debe empeñarse en prolongar esa infecciosa plaga; y, puesto que la vida constituye para él un tormento, que no vacile en aceptar la muerte. Libérese, pues, a sí mismo de ese trance con el ánimo lleno de esperanza (para él esta amarga vida es como una cárcel o suplicio), o consienta de buena gana a que otros le liberen[30]. Si así lo hace obrará sabiamente, porque con la muerte no va a desprenderse de un goce, sino de una tortura; con ello no haría otra cosa que seguir los consejos de los sacerdotes, intérpretes de la divinidad; su comportamiento sería piadoso y santo.

Los convencidos por estos argumentos, o bien ponen fin a su vida por voluntaria inanición, o se les duerme para que al extinguirse no se sientan morir. A nadie quitan de en medio a la fuerza, ni disminuyen los cuidados que le prodigaban; están persuadidos, sin embargo, de que aquel modo de actuar es honorable[31]. Al que se suicida a sabien-

---

[30] En un ladillo de la página se lee: *Mors spontanea*, esto es, muerte voluntaria.

La práctica de la eutanasia voluntaria no deja de ser una variante del suicidio. Y el suicidio constituye una gravísima ofensa a Dios, una injusticia para quien, como Señor y Creador, es el único que puede disponer de nuestras vidas. Es también un irremediable pecado contra la caridad que a nosotros mismos nos debemos.

Para los filósofos estoicos el suicidio era expresión del dominio sobre uno mismo, sobre la naturaleza y sobre el destino de la persona humana; y, para algunos, un acto piadoso. Los utopienses parecen seguir en parte la doctrina estoica, aunque fuertemente teñida de sentimientos religiosos. Dadas ciertas circunstancias (enfermedad incurable, intervención de las autoridades civiles y consejo de los sacerdotes, «intérpretes de la divinidad») los paganos utopienses consideran la muerte voluntaria como un acto «piadoso y santo».

[31] Caso distinto al de la eutanasia es para los utopienses el de quien se quita la vida a sí mismo, quien «se suicida a sabiendas, sin la aprobación de los sacerdotes o del Senado». Esta distinción entre la *mors spontanea* mencionada anteriormente y la muerte que uno mismo se inflige, no es válida en buena ética como para calificar a la una de honorable y a la otra de execrable. En la comunidad social y familiar de Utopía el individuo, en cuanto miembro de esa comunidad, no puede privar a esta de su ayuda y servicios, por libre decisión. Esa actitud es, además, una rebelión contra Dios, por lo que se le priva de sepultura.

«El que en un acceso de ira se mata a sí mismo, voluntariamente —dice Aristóteles— contraviene la recta razón, y esto no puede permitirlo la ley. Actúa, por lo tanto, injustamente; pero ¿contra quién? Contra la humanidad, sin duda. (...) Y, basado en ello, la comunidad le castiga; esto es, aplica la pérdida

das, sin la aprobación de los sacerdotes o del Senado, a ese se le niegan los honores de la inhumación o de la cremación y, privado de sepultura, se le arroja afrentosamente en cualquier ciénaga.

Las mujeres no se casan antes de los dieciocho años; y los hombres, hasta que hayan cumplido cuatro años más. Al hombre o a la mujer de quienes se tiene la convicción de que antes del matrimonio mantuvieron trato sexual a escondidas, se les recrimina con severidad, prohibiéndoles de manera terminante el casamiento, a menos que por gracia del gobernador se les perdone la falta. Si se castiga tan rigurosamente este delito es porque prevén que de no reprimir prontamente los concubinatos pasajeros pocos aceptarían los vínculos del matrimonio, que obligan a pasar toda una vida con una sola persona, teniendo que conllevar encima las molestias consiguientes[32].

Por cierto que en la elección de cónyuge siguen una práctica ritual, a nuestro parecer de lo más absurda, y a primera vista ridícula, aunque ellos se lo toman muy en serio. Una matrona grave y honesta expone ante el pretendiente a la mujer desnuda, sea doncella o viuda; y viceversa, un varón de buena reputación presenta desnudo ante la muchacha al pretendiente. Nosotros acogimos con risas esta costumbre, reprochando tal disparate. Ellos, en cambio, se asombran de la insigne estupidez de todos los demás pueblos, que cuando se trata de comprar una jaca —asunto en que el dinero que se ventila es poco—, son tan precavidos que, a pesar de estar casi a pelo, nadie cierra el trato sin quitarle antes la silla y

---

de derechos civiles al suicida, basado en que ha obrado injustamente respecto a la comunidad» (*Ética a Nicómaco*, V, 11, 3; 1138a).

[32] La pena de prohibir «terminantemente el casamiento» a quienes hayan tenido trato sexual antes de acceder al matrimonio es un medio de proteger a la comunidad, basada en la unidad familiar, y esta, a su vez, en la indisolubilidad del vínculo.

todos los arneses por temor a que aparezca una matadura bajo los arreos. Y con todo, cuando de lo que se trata es de elegir esposa —para embarcarse de por vida en el placer o la repugnancia— se mostraría gran descuido si, con el resto del cuerpo envuelto en ropas, ha de apreciarse a una mujer en su conjunto por un palmo escaso de su cuerpo (pues no enseña más que el rostro), teniendo luego que unirse a ella y correr el riesgo grave de hacer una mala coyunda, caso de que luego se produzcan disgustos. Pero no todo el mundo es tan discreto como para fijarse exclusivamente en las cualidades morales; los atractivos del físico constituyen también, a juicio de esposos sensatos, un no pequeño aditamento a las dotes espirituales. Porque, realmente, bajo los ropajes podría ocultarse una deformidad tan repugnante como para privar al esposo de todo afecto hacia su mujer cuando ya no hay posibilidad alguna de separación de cuerpos[33].

Si una deformidad de esta clase sobreviene con posterioridad al casamiento, los esposos están obligados a correr con su suerte, siendo cometido de las leyes evitar que se tiendan trampas a los incautos. Precauciones tanto más necesarias por cuanto en aquella región de la tierra ellos son los únicos que se conforman con tener un solo cónyuge[34]. Raro es que se

---

[33] Introduce aquí Moro un rasgo cómico en la narración, comparando la elección de esposa con la compra de una jaca. Platón parece abogar por una indagación sobre las familias de los novios y el que estos se hayan visto desnudos, para lo cual «los muchachos y las jóvenes deben bailar juntos a una edad en que haya ocasiones convenientes para ello, a fin de que puedan verse mutuamente; deberán bailar desnudos, siempre que así lo permita una razonable modestia» (Leyes, VI, 772a). Los utopienses tratan de guardar una modestia más razonable y vigilada.

[34] La monogamia que se practica en Utopía aleja a esta sociedad de la comunidad de mujeres que debían vivir los guardianes de la República platónica (V, 457c).

El matrimonio es indisoluble, «si no es por muerte», adulterio o comportamiento intolerable. Moro —repetimos— no está exponiendo su punto de vista sino el de los utopienses, que, en el caso de la separación de los cónyuges,

disuelva el matrimonio si no es por muerte, salvo caso de adulterio o de comportamiento intolerable. En dicho supuesto, a la parte víctima de la ofensa el Senado le concede permiso para cambiar de cónyuge; y al otro se le tacha de infame y ha de permanecer célibe toda su vida. Por lo demás no está permitido el repudio de la esposa inocente, violentando su voluntad, por el simple hecho de que le sobrevenga una desgracia física. En su opinión, nada hay más cruel que abandonar a alguien cuando precisa mayor consuelo o que ante la vejez (que es reclamo de enfermedades, y ella misma una enfermedad) cuente con una fidelidad ilusoria y endeble.

Sin embargo, sucede a veces que, de darse entre los cónyuges fuerte incompatibilidad de caracteres, si cada uno de ellos encuentra otra persona con la que llevar una vida más apacible, ambas partes se separan por mutuo consentimiento y contraen nuevo matrimonio. Pero para ello ha de mediar autorización del Senado, que no permite divorcios sin que se haga antes una investigación a fondo por algunos de sus miembros, con la ayuda de sus esposas. Y ni aun así es fácil que concedan la autorización, porque saben muy bien que la expectativa de contraer nuevas nupcias no es nada aconsejable para la consolidación del amor conyugal.

Al que atenta contra el vínculo matrimonial se le castiga con la más rigurosa servidumbre; y si se trata de dos adúlteros casados, los esposos que han sufrido la injuria pueden, si lo desean, contraer matrimonio entre sí o con tercera persona, una vez repudiado el cónyuge adúltero. Con todo, si una de las partes ofendida persiste en el afecto hacia su cónyuge a pesar de su mala conducta, no se le impide que continúe la vida marital, siempre que acompañe al otro al lugar a que fue

_____

más se rige por los principios paganos poco maduros que por los del cristianismo, que aún desconocen en la isla. De ahí también que a los adúlteros se les condene a servidumbre y, en caso de reincidencia, a pena de muerte.

condenado a trabajar. Y sucede en ocasiones que la penitencia de uno de ellos, y la solícita abnegación del otro, mueven a piedad al gobernador, que le devuelve la libertad; pero la reincidencia en este delito lleva consigo la pena de muerte.

Para los demás tipos de delito no está prevista en la ley una pena determinada; los castigos se fijan por el Senado en atención a su mayor o menor grado de criminalidad.

Son los maridos quienes reprenden a sus esposas; y los padres, a sus hijos; salvo que la falta sea tan grave que, por buena ética social, requiera castigo público. A los crímenes muy notorios se les aplica una pena rigurosa: la servidumbre. Creen que así la suerte del criminal, sin dejar de ser menos penosa, resulta de más provecho al Estado que no el matar a los malhechores y quitarlos apresuradamente de en medio. Su trabajo reporta mayor beneficio que su muerte, y sirve de lección duradera para disuadir a otros de cometer semejantes fechorías; y si se rebelan mostrándose recalcitrantes, entonces se les destruye como a bestias indómitas a las que ni la cárcel ni las cadenas pueden refrenar. Pero quienes soportan pacientemente el castigo no se ven privados de esperanza; antes bien, si doblegados por largas penalidades aceptan la penitencia dando a entender que repugnan más su pecado que el castigo impuesto, se mitiga su servidumbre y hasta se les concede el perdón (unas veces en uso de la prerrogativa del gobernador; otras por petición popular).

La solicitación del estupro corre pareja con el estupro mismo en cuanto a la pena; y toda tentativa inequívoca e intencionada se equipara, en lo criminal, a la comisión material del acto, ateniéndose al criterio de que un fallo de ejecución no debe constituir atenuante a favor de quien hizo lo posible para que no fallase.

Gustan mucho de los bufones; y de igual forma que reprueban el que se les trate injuriosamente, no consideran censurable procurarse placer a costa de sus tonterías[35]. Según ellos, esta actitud es el mayor favor que puede hacerse a los bufones; y si hubiera alguien tan ceñudo y mustio que fuese incapaz de reír sus dichos y bromas, desconfían de que pueda tener bufón a su servicio, pues no cuidará con debida indulgencia a quien no le va a servir de provecho o diversión, que es la única cualidad que poseen. El hacer mofa de un contrahecho o de un mutilado se considera acción vergonzosa o degradante, que recae no en quien es objeto de burla, sino en quien se burla de ellos, ya que reprocha neciamente a otra persona —como si de un vicio se tratara— lo que no está en sus manos evitar.

La despreocupación por atender a la belleza natural se tiene como muestra de desaliño y dejadez; mientras que, a la inversa, el recurso a los acicalamientos se considera vituperable desvergüenza. Saben por experiencia que, a ojos de un marido, ninguno de los atractivos de la hermosura es comparable a la honestidad y sumisión de las esposas, porque si muchos quedan prendados únicamente de la belleza, la verdad es que nadie se siente retenido si no es por la virtud y la obediencia.

Para disuadir del crimen se emplea, además del castigo, la distinción honorífica, como incentivo a la virtud. Por eso erigen estatuas en las plazas públicas a los varones ilustres, preclaros por sus beneméritos servicios a la patria, tanto para conmemorar sus loables proezas como para que el glorioso ejemplo de los antepasados sirva de estímulo y aliciente virtuoso a la posteridad.

---

[35] Una de las funciones que cumplían los bufones en cortes y palacios era la de decir en público y a la cara las verdades que los cortesanos no osaban declarar. Moro durante muchos años tuvo un bufón, llamado Enrique Patenson, del que aún oyó decir verdades que le movieron a risa cuando estaba prisionero en la Torre de Londres (cfr. *The Correspondence*, p. 529; carta de Margarita Roper a Alicia Alington).

Quienes intriguen por conseguir un puesto público cualquiera, ya pueden despedirse para siempre de ellos. El ambiente de su trato social es amable. A ninguna persona con autoridad se le ocurriría mostrarse insolente o amenazador; se les llama padres y como tales se comportan. De buen grado se les tributa el honor que les es debido, pero sin forzar a los renuentes a tener que prestárselo. Ni aun el mismo gobernador se distingue del resto de la gente por su vestimenta o por una diadema, sino porque lleva consigo un haz de espigas (así también al Pontífice se le reconoce porque va precedido de un cirio)[36].

Tienen muy escasas leyes; a un pueblo con tal organización, con muy pocas le basta[37]. Esto es lo que echan en cara mayormente a otros pueblos: que aun teniendo infinidad de códigos y comentarios legales, les resulten insuficientes. Ven como grandísima injusticia el que se obligue a nadie a obedecer leyes tan numerosas que, o no es posible examinarlas o son tan oscuras que nadie las entiende. A mayor abundamiento, prescinden totalmente de los leguleyos, los cuales llevan las causas con argucias y amañan los argumentos legales. En consecuencia, piensan que debe seguirse la costumbre de que cada cual defienda su propia causa, exponiendo ante el juez lo que hubiera de contar a su abogado. Con ello se darán menos vueltas al asunto, averiguándose más fácilmente la verdad (siempre que el que hable no haya

---

[36] Las sombras doradas de la Utopía debían acechar el sueño de Moro, quien, como cuenta a Erasmo, se veía coronado con diadema de espigas granadas, con una capa de burda lana como manto de realeza y empuñando un manípulo de tallos vegetales como cetro (cfr. Allen, II, 499). Todo ello, símbolo de paz y fruto de la naturaleza, base de la vida utopiense.

[37] La buena organización de los asuntos públicos y la actuación responsable de los ciudadanos requieren pocas leyes. La proliferación legislativa es signo de desorden. En estas páginas está haciendo Moro una diatriba contra legisladores, letrados y jueces venales. Males que no había consignado en el libro I de la *Utopía* y que no quería dejar de mencionar.

aprendido las triquiñuelas de los abogados). El juez sopesará con diligencia los aspectos particulares del caso, asistiendo a los inexpertos contra las falacias de los enredadores.

En los países en que existe un cúmulo de leyes tan intrincadas resulta difícil llevar a la práctica esta norma; allí, en cambio, todo el mundo posee conocimientos jurídicos. Porque, aparte de tener muy pocas leyes —como ya he dicho—, consideran como más conforme a Derecho la interpretación que resulte más sencilla. Si toda ley se promulga —dicen ellos— con el único objeto de que cada cual esté enterado de cuales son sus deberes, muy pocos estarían al tanto de ellos si se requiriese una interpretación demasiado sutil (pues raros serían los capaces de entenderlas), mientras que el sentido simple y obvio de las leyes resulta evidente a todo el mundo. De otra manera, por lo que se refiere a la masa del pueblo, que componen la mayoría y son los más necesitados de información, ¿qué importa que se dicten o no leyes, si una vez promulgadas es imposible dilucidar su sentido si uno carece de agudo ingenio o no quiere meterse en largas disquisiciones?; ni la ruda mentalidad del vulgo alcanza su sentido ni basta para ello toda una vida, ya de por sí ocupada en ganarse el sustento.

Esta ejemplaridad de los utopienses sirve de estímulo a los pueblos vecinos —a aquellos que son independientes, porque en el pasado han librado a muchos de la tiranía— para que por propia voluntad soliciten que se les envíen magistrados, por un año o por un lustro. Al término de su mandato les despiden con honores y alabanzas y se traen a su patria a quienes van a sustituirles. Lo cierto es que estos pueblos logran así excelentes y saludables beneficios para su Estado, porque de la moralidad de los magistrados depende su salvación o su ruina. No cabe elección más sabia que la de unas personas que no se dejarían cohechar a ningún precio, pues de muy poco les serviría teniendo que regresar en breve a su país, ni se dejarían influir por torcidas incli-naciones o por simpatías. Esos dos males —favoritismo y codicia—, en cuanto se infiltran en las decisiones judiciales, acaban de inmediato con la justicia, que es el nervio más firme del Estado.

Los utopienses denominan «aliados» a los pueblos que solicitan de ellos personas que les gobiernen; y a los otros, a los que favorecen con su protección, «amigos». En cuanto a los tratados —que otras naciones conciertan, violan y renue-van de continuo—, ellos con ninguna nación los hacen. ¿Para qué un tratado? —se preguntan—, como si la naturaleza no vinculase ya suficientemente a los hombres entre sí. ¿Es ve-rosímil que quien desprecia ese vínculo natural vaya a hacer caso alguno de las palabras?

La razón principal de que sostengan tal criterio se debe a que por aquellas regiones del mundo suele ponerse muy poca buena fe en observar los pactos y tratados entre los príncipes. Mientras que en Europa —y muy especialmente en aquellos países donde reinan la fe y la religión cristiana— la majestad de los tratados se tiene por doquier como santa e inviolable[38]. Esto se debe, en parte, a la justicia y bondad de los príncipes; y, en parte, a la reverencia y temor a los Sumos Pontífices, que no se comprometen a nada que no cumplan escrupulosamente. En consecuencia, pueden or-denar a todos los demás príncipes que se atengan puntual-mente a lo prometido, y con el uso de censuras canónicas y rigor pastoral obligan a los reacios a cumplirlo (motivo sobrado tienen para considerar acción vergonzosa el ver que no se observe fidelidad a los tratados por quienes, de modo muy particular, se denominan «fieles»).

---

[38] Frase que ha de interpretarse como una hiriente ironía en vista del com-portamiento de los príncipes cristianos y de algún Sumo Pontífice (a este res-pecto cfr. Maquiavelo, *El Príncipe*, XVIII).

En cambio, en aquel nuevo mundo —mucho menos separado de nuestro orbe por el círculo ecuatorial que no por la diferencia de vida y costumbres—, no existe confianza alguna en los tratados. Cuanto más numerosas y santas las ceremonias con que se concluyen, con tanta mayor presteza se deshacen. Fácil es hallar tachas en el significado de las palabras, que se introducen aposta y se redactan con astucia, de manera que no se sientan tan estrictamente vinculados por ellas como para no permitirse el burlarlas, evadiéndose así tanto de lo pactado como de la palabra empeñada. Si se averiguase que han recurrido a tales argucias (que en realidad no son sino fraudes y dolos) en los contactos entre particulares, serían precisamente los mismos que se ufanan de dar esa clase de consejo a los príncipes los que, montando en cólera, clamarían por la horca para castigar tal sacrilegio.

Resulta, pues, que la justicia viene a considerarse como virtud plebeya y humilde, muy por debajo del fausto de los reyes; o bien que existen dos tipos de justicia: una propia de la gente vulgar, pedestre y rastrera, por todas partes encadenada por trabas que le impiden saltarse las barreras; y otra, la virtud propia de los príncipes, que por ser más augusta que la popular es también muchísimo más libre, ya que solamente le está prohibido aquello que no es de su agrado.

La costumbre que allí tienen los príncipes de respetar tan mal los tratados —como decía— es el motivo, en mi opinión, de que los utopienses no concierten pacto alguno; quizá cambiarían de parecer si vivieran aquí, entre nosotros. Pero, aun cuando se observasen con toda fidelidad, piensan que eso de tener que sancionar todo con tratados es perniciosa costumbre. Porque parece sobrentenderse que no existe vinculación alguna entre pueblos a los que separa tan solo el exiguo trecho de un montecillo o de un riachuelo, y que deberán considerarse adversarios y enemigos natos, abocados a su mutua destrucción, a no ser que exista tratado que lo impida. Es más, no por concluir un tratado se estrechan las amistades sino que queda en pie el derecho al saqueo, siempre que por inadvertencia en la redacción del tratado no se haya previsto expresamente su prohibición en las cláusulas pactadas.

Ellos (los utopienses) opinan, por el contrario, que no debe tomarse como enemigo a quien ningún mal ha hecho. La sociabilidad natural ha de hacer las veces de pacto: más cumplida y más firme es la vinculación humana por la benevolencia que no por los tratados; más por el espíritu que no por las palabras[39].

El arte de la milicia

La guerra, muestra patente de salvajismo a la que, sin embargo, ninguna bestia se entrega con tanta frecuencia como el hombre, es para ellos cosa absolutamente abominable; y, al revés de lo que es corriente en casi todos los pueblos, nada tienen por menos glorioso que la gloria que se obtiene por las armas[40]. Con todo, si los hombres —y también las mujeres— hacen habitualmente ejercicios militares en días fijos, es con el fin de no estar desentrenados en caso de necesidad; pero no emprenden la guerra temerariamente, excepto cuando se trata de defender sus fronteras, rechazar al que invade el territorio de un país amigo, o cuando la compasión hacia los pueblos oprimidos les mueve a liberarlos con sus fuerzas (lo hacen por sentimiento humanitario) del yugo del tirano y de la esclavitud.

---

[39] En efecto, quien no es sincero, leal y justo, quien no cultiva la hermandad con otras gentes, ¿cómo es posible que guarde su palabra?

[40] La consideración con que se encabeza todo lo referente a la guerra —«muestra patente de salvajismo» y «cosa absolutamente abominable»— abre camino a la manera especial de hacer la guerra en Utopía.

Aun cuando presten ayuda a los amigos, no siempre lo hacen para defenderlos, a veces es un recurso para la represalia y un modo de vengar agravios recibidos. Pero no llegan a tales extremos sin haber sometido previamente a consulta el asunto, examinando si existe causa de guerra y si se han denegado las reparaciones exigidas. Es luego cuando asumen el derecho a declarar la guerra. Decisión que emprenden siempre que una incursión enemiga les ha hecho algunas presas; y también, y con mayor saña, cuando sus mercaderes, so capa de justicia, sufren tratos injustos por parte de otros países basándose en leyes inicuas o en torcidas interpretaciones de leyes justas.

Ese, y no otro, fue el origen de la guerra que poco antes de nuestra llegada emprendieron los utopienses a favor de los nefelogetas contra los alaopolitas[41]. Bajo capa de legalidad, los mercaderes nefelogetas —si hemos de atenernos a su interpretación del caso— sufrieron un agravio por parte de los alaopolitas. Hubiera o no injusticia en ello, lo cierto es que para vengarlo estalló una guerra tan atroz que, a las fuerzas y odios de uno y otro bando, vinieron a juntarse la furia y potencia de los países colindantes. Algunos de estos pueblos, muy florecientes, se vieron sacudidos; y otros, azotados por la violencia. Los desastres sucedían a los desastres, y acabando con la rendición y sometimiento de los alaopolitas. Pero, como los utopienses no luchaban por causa particular propia, los alaopolitas vinieron a caer, en última instancia, bajo el dominio de los nefelogetas, pueblo que en la época de esplendor de los alaopolitas les era incomparablemente inferior.

---

[41] Nefelogetas; neologismo de raíces griegas, con el significado de «hijos de las nubes» o «gente nebulosa», sin que aparezca claramente el sentido que Moro quiso dar simbólicamente a la palabra.
Alaopolitas; probablemente «ciudadano que no pertenece a ningún pueblo».

Los utopienses, que con tanta dureza persiguen las ofensas infligidas a sus amigos, aunque se trate de dinero, actúan de modo muy diferente si son ellos los afectados. En caso de ser despojados tramposamente de sus bienes, y siempre que no exista violencia física, su resentimiento se limita a suspender toda relación comercial con determinada nación hasta que obtenga la satisfacción debida. No es que les importen menos los asuntos de sus conciudadanos que los de sus aliados, sino que las pérdidas pecuniarias del prójimo les tocan más al vivo que las suyas propias. Porque si los mercaderes de los países amigos sufren graves perjuicios, eso afecta a su hacienda privada, mientras que en el caso de sus conciudadanos lo que se pierde son bienes públicos, de los que tienen grandes disponibilidades, pues se trata de algo que abunda en su país y que si exportan es por ser un sobrante. Ningún particular se siente, pues, perjudicado. Por consiguiente, juzgan que el tomar venganza de daño semejante con muerte de muchas personas sería excesiva crueldad, ya que ni la vida ni la subsistencia de ninguno de los suyos se ve afectada. En cambio, si alguno de los suyos resulta injustamente herido o muerto —sea la ofensa de carácter público o privado— una vez hechas las averiguaciones por vía diplomática, no se dan por satisfechos si no les entregan a los culpables, declarando a continuación la guerra; y si les entregan a los culpables, se les condena a muerte o esclavitud.

Las victorias sangrientas les producen dolor y hasta vergüenza, pensando que es una locura tener que comprar una mercancía a precio excesivo, por valiosa que sea. Cuando salen vencedores, aplastando al enemigo por la astucia y los engaños, lo celebran a bombo y platillo, organizando con tal motivo un triunfo público y erigiendo un trofeo, como si de una hazaña heroica se tratase. Solamente se jactan de actuar viril y valerosamente cuando logran la victoria como ningún otro ser, excepto el hombre, puede hacerlo: es decir, gracias a la fuerza del ingenio. Los osos, los leones, los jabalíes, los lobos, los perros y demás fieras, al luchar emplean —dicen ellos— la fuerza de sus cuerpos y nos ganan en fortaleza y ferocidad; pero todas ellas son domeñadas por la astucia y la razón.

La única finalidad que persiguen con la guerra es obtener aquello que, de haberlo conseguido antes de declararla, les hubiera hecho desistir de emprenderla[42]. Pero si esta solución no es factible, entonces infligen a los culpables una venganza tan dura como para que el terror los disuada en el futuro de semejantes atrevimientos.

Tales son los objetivos que se proponen, llevándolos a cabo sin demora, más preocupados de no correr riesgos que de obtener gloria o renombre. Así pues, tan pronto se ha declarado una guerra, procuran fijar, a escondidas y simultáneamente, en los lugares más visibles del territorio enemigo gran número de carteles avalados con sello oficial, prometiendo enormes recompensas a quien elimine al rey enemigo. A continuación se ofrecen recompensas menores, pero también considerables, por la cabeza de cada uno de los que figuran con sus nombres en esas proclamas, y que son considerados como responsables, después del rey, de haber decidido abrir hostilidades. La suma prometida al asesino se dobla para quienes traigan viva a alguna de las personas de esa lista, llegando incluso a incitar a los mismos proscritos con recompensas similares —en las que va incluida la impunidad— para que se levanten contra sus compañeros.

Con ello consiguen que el enemigo sospeche muy pronto de todo el mundo, que no confíen demasiado unos en

---

[42] La finalidad con que emprenden una guerra los utopienses es la de reparar un daño o injusticia; pero, precisamente por ser un pueblo amante de la paz, el duro castigo que imponen a los enemigos culpables es instrumento de disuasión para ese y para futuros casos en que alguien lesione sus derechos.

otros, que no se fíen de los demás y que estén dominados por fuertes temores y mucha inseguridad. Situación que muy a menudo vienen a confirmar los hechos, pues buena parte de los proscritos, y hasta el mismo rey, son traicionados por aquellos en quienes habían depositado la mayor confianza. Tan fácil es inducir al crimen por el soborno; por eso no vacilan en prodigarlo. Sin embargo, conociendo los muchos riesgos en que incurren, se preocupan de compensar la magnitud del peligro con la cuantía de la recompensa. De modo que ofrecen no solo inmensas cantidades de oro, sino también fincas, que dan a perpetuidad, con buena renta y en lugares seguros del territorio de sus amigos; y lo que prometen lo cumplen religiosamente.

Esta costumbre de oferta y compra del enemigo, condenada en otros pueblos como vileza cruel de espíritus degenerados, ellos la tienen a gala. Es muestra de cómo su prudencia pone fin a las guerras más graves sin que se dé el menor enfrentamiento. Hasta se consideran humanitarios y clementes, puesto que con la muerte de unos pocos culpables se ahorran las vidas de mucha gente inocente que hubiese caído en la pelea, ya de su lado ya del enemigo. La compasión que sienten por sus conciudadanos no es menor que la que experimentan por la turbamulta del enemigo, sabiendo que no hacen estos la guerra por su propia voluntad sino arrastrados por la locura de sus jefes.

Si nada consiguen por tales procedimientos, entonces siembran los gérmenes de la desconfianza, fomentando en un hermano del príncipe o en otro miembro de la nobleza la esperanza de hacerse con el poder. Y si las facciones intestinas estuvieran calmadas incitan contra el adversario a los pueblos vecinos, resucitando alguna vieja reivindicación de esas que nunca faltan entre reyes, y les prometen su ayuda para llevar a cabo una guerra. Las aportaciones en dinero las hacen a manos llenas; pero no así en cuanto se trata de enviar a sus conciudadanos, por quienes sienten tan particular aprecio; y es tan grande el afecto entre ellos que no están dispuestos a canjear ni a uno solo de los suyos por el príncipe enemigo. En cambio no les pesa desprenderse del oro o de la plata (reservados exclusivamente para este uso), ya que vivirían con igual desahogo aunque lo gastaran enteramente. Por añadidura, y aparte de las riquezas que conservan en su patria, disponen de un inmenso tesoro en el extranjero, constituido —como ya dije— por las deudas de bastantes otras naciones. De manera que para hacer la guerra pueden así reclutar mercenarios, especialmente entre los zapoletas[43].

Este pueblo se encuentra a unas quinientas millas de Utopía, hacia la parte oriental. Son gente de aspecto temible, rudos y salvajes, por donde se colige que se han criado en medio de las selvas y aspereza de los montes. Es raza dura; soportan calores, fríos y fatiga, y son ajenos a todo refinamiento. No se dedican a las labores del campo. Descuidan la construcción de viviendas, y el vestido; de lo único que se ocupan es del ganado. Mayormente viven de la caza y de la rapiña.

Han nacido solo para guerrear, y acechan la ocasión propicia de hacerlo; si esta se presenta se entregan a ella con ardor. Abandonan su país en bandas numerosas, ofreciéndose a bajo precio a cualquiera que ande reclutando soldados. Luchan con una bravura y una lealtad incorruptibles, bajo el mando de quien les paga. No se comprometen a ello por plazo determinado, sino que negocian la posibilidad de co-

---

[43] Zapoletas; con el significado de «revendedores», «traficantes» de sí mismos. En el Renacimiento, como en la Antigüedad, los ejércitos estaban en gran parte formados de mercenarios. Los lansquenetes germanos y los mercenarios suizos formaban parte de los ejércitos al tiempo de escribirse la *Utopía*. En la edición de Lovaina (1516) y en la de París (1517) aparecía un ladillo en que por referencia a los zapoletas se decía: *Gens haud ita dissimilis elvetiis*; «un pueblo que no es muy diferente de los suizos». Ladillo que se suprimió en las dos ediciones de Froben, Basilea (1518).

locarse del lado que ofrezca mejor soldada el día de mañana, aunque sea el enemigo, sin que ello impida que más tarde le abandonen si se les ofrece una paga ligeramente mayor.

Raro es que al declararse una guerra no se encuentre un buen contingente de ellos en uno u otro ejército, siendo ocurrencia diaria el que los contratados en un mismo bando, vinculados por la sangre y manteniendo entre sí relaciones íntimas, se vean poco después separados en ejércitos contrarios. Con olvido de su estirpe y amistad, se enfrentan entonces como enemigos, con furibunda animosidad, acuchillándose unos a otros, sin que les mueva a la matanza otro motivo que el haber sido contratados por príncipes adversarios, y por sumas insignificantes, de las que, no obstante, llevan contabilidad tan estricta que bastaría añadir una moneda a su soldada diaria para que no tuviesen el menor inconveniente en cambiar de bando. Tan rápidamente ha calado en ellos la codicia; pasión inútil, por otra parte, pues lo que obtienen a costa de sangre pronto lo consumen en la crápula de la especie más lamentable.

Milita este pueblo del lado de los utopienses contra cualquier otro ser humano, ya que se les paga mejor soldada que la que puedan ofrecerles en otros sitios. Porque es de saber que así como los utopienses buscan gente honrada para que les presten un servicio, así también buscan gente de la peor calaña si se trata de explotarlos. Cuando los necesitan los atraen con promesas exorbitantes, exponiéndolos a peligros extremos, con lo que la mayoría jamás vuelve para reclamar lo prometido; y a los supervivientes se les paga a conciencia lo estipulado, incitándolos de este modo a temeridades semejantes. Tampoco conceden la más mínima importancia al número de ellos que resultarán exterminados, considerándose bienhechores del género humano si logran raer de la faz de la tierra gentuza tan abominable y nefasta.

174

Además de esta gente, utilizan en segundo lugar las fuerzas de los pueblos por cuya causa toman las armas; y luego las tropas auxiliares de las naciones aliadas; y, en último término, contingentes de sus propios ciudadanos. Al frente de este cuerpo de ejército ponen a un sujeto de probado valor, adjuntándole dos suplentes, que no tienen mando mientras aquel esté vivo; pero si cae prisionero o muerto, uno de ellos accede a su puesto, como sucesor. Y si algo le ocurriera a este, le sustituye el tercero, porque si falta un jefe —tan variables son los azares de la guerra— podría desorganizarse todo el ejército.

En cada ciudad se recluta a quienes se alistan voluntariamente, sin obligar a nadie a engancharse de por fuerza para luchar en el extranjero. Están firmemente convencidos de que los que por naturaleza son tímidos no se comportarán valerosamente, sino que transmitirán su miedo a los compañeros de armas. Pero si la guerra se extiende al suelo patrio, a esas personas pusilánimes se les embarca —si se hallan en buena condición física— entremezclándolas con gente valiente, o se les reparte por las murallas, donde no tengan posibilidad de huir. De forma que, ante un ataque del enemigo, la vergüenza que experimentan ante los suyos y al serles imposible la retirada, se sobreponen al miedo y hacen de tripas corazón en situaciones de grave peligro.

Por lo mismo que no arrastran de por fuerza a ninguno de los suyos para guerrear fuera del suelo patrio, así tampoco impiden que las mujeres que lo desean acompañen a sus maridos; antes bien, se les anima a ello y se les colma de elogios. Las que van a la guerra se colocan al lado de sus maridos, en primera línea. Cada uno de los combatientes está rodeado de sus hijos, parientes y allegados, con objeto de que se presten socorro inmediato quienes tienden a ayudarse por natural impulso; teniéndose por muy deshonroso que una persona casada vuelva sin el cónyuge, o que el hijo regrese tras haber perdido a uno de sus padres. De manera que, si se llega a la lucha cuerpo a cuerpo y el enemigo se aferra al terreno, la batalla que se libra es a muerte, en un combate prolongado y terrible.

Cierto es que evitan por todos los medios posibles no verse obligados a entrar en batalla personalmente, en tanto puedan llevarla a cabo con tropas auxiliares de mercenarios; pero, si no pueden eludir la pelea, acometen con gran intrepidez, solo comparable a su mucha prudencia en rehuirla. No dan rienda suelta a su coraje a la primera acometida, sino que, a medida que la lucha va prolongándose, resisten con tal firmeza de ánimo que prefieren morir a dar un paso atrás. Además, la seguridad de que encontrarán al volver a su hogar los medios de subsistencia, sin estar acongojados por la suerte de los que dejan a sus espaldas (preocupación que en todas partes quebranta la entereza del más valiente), les infunde un heroísmo que no se aviene con la derrota.

Su pericia en el arte militar les da confianza; y, en último extremo, la rectitud de los ideales en que se les ha educado desde la infancia —sana doctrina y excelentes instituciones sociales— contribuyen a darles valentía. Por lo cual, ni desprecian la vida como para despilfarrarla así como así, ni la valoran tan desmesuradamente como para agarrarse a ella con codicia y desvergüenza si el honor exige deponerla.

Cuando la pelea ha alcanzado en todas partes su máxima crudeza, un grupo muy selecto de jóvenes, conjuramentados por patriotismo, se impone el deber de acometer al jefe enemigo. Lo atacan a pecho descubierto; le salen al paso en emboscadas; intentan alcanzarle de lejos y de cerca. Para combatirle forman cuña, larga y continua, reemplazando sin interrupción con efectivos de refresco a los exhaustos por la pelea; y raro es que no le den muerte o caiga vivo en manos de sus enemigos, a no ser que se salve dándose a la fuga.

Si logran una victoria, nunca se ceban en carnicerías; antes que matar a los fugitivos prefieren hacerlos prisioneros. Jamás persiguen a los que van de huida sin mantener entretanto bajo sus estandartes una unidad en formación de combate. Hasta el punto de que si hubieran sido derrotadas todas sus demás unidades, y consiguieran la victoria gracias a este cuerpo de retén, preferirían dejar escapar a todos sus enemigos antes que perseguir a los fugitivos deshaciendo sus propias filas. Más de un caso se recuerda en que, vencido y en derrota el grueso de su ejército, el enemigo se desparramaba enardecido con la victoria y persiguiendo a los que huían. Mientras ellos, reservando un corto número de combatientes en espera de ocasión propicia, acometieron de repente al enemigo, cogiéndolo disperso y descuidado, demasiado confiado en su invulnerabilidad. Cambió así radicalmente la suerte del combate, de forma que, arrancándoles de las manos una victoria del todo cierta y evidente, los vencidos vencían a su vez a los victoriosos[44].

No es fácil juzgar qué es más notable: si su astucia en armar emboscadas o su sagacidad en evitarlas. Uno pensaría que estaban preparando una retirada cuando nada está más lejos de su intención; y, al revés, si toman esa decisión uno se imaginaría cualquier cosa menos eso. En caso de apuro —por superioridad numérica del enemigo o por la posición en que se encuentran— levantan de noche el campamento en formación silenciosa, o bien se escabullen con alguna otra estratagema, o se repliegan en pleno día manteniendo la formación, de manera que resulta tan peligroso acometerles en la retirada como en el avance.

Fortifican minuciosamente sus campamentos con fosos anchos y profundos, amontonando por detrás la tierra

---

[44] La frase latina, estilísticamente perfilada en aliteración continua: *victi victores invicem vicerunt*.

excavada. Operación para la que no utilizan otra mano de obra que la de su propia tropa: todos los soldados se entregan a esa tarea, salvo los que se mantienen de guardia delante de los terraplenes para evitar sorpresas. De modo que gracias al esfuerzo de tan numerosos colaboradores logran terminar con increíble rapidez fortificaciones imponentes y de gran amplitud.

Las armaduras que usan son resistentes, a prueba de golpes y muy apropiadas para andar o moverse, y no estorban ni para nadar (nadar armados es parte de su entrenamiento en los ejercicios militares). De lejos, las armas que emplean son las flechas, que disparan con gran fuerza y puntería, tanto a pie como a caballo. En el cuerpo a cuerpo no manejan espadas, sino hachas de guerra, mortíferas por su filo y por su peso, con las que hieren ya al golpe ya de punta. En la invención de máquinas de guerra muestran sumo ingenio; y una vez fabricadas las mantienen ocultas con mucho sigilo, pues si las mostrasen en público antes de probar su eficacia más serían motivo de risa que de utilidad. Cuando fabrican esos ingenios tienen en cuenta sobre todo la facilidad de transporte y el que sean manejables en todas direcciones.

Si han convenido una tregua con el enemigo la respetan tan religiosamente que ni aun en caso de sufrir un agravio la violan. No devastan el territorio enemigo ni queman sus mieses: se esfuerzan por evitar que la tropa o las pezuñas de los caballos las pisoteen, pensando que para ellos será la cosecha. Al que no porta armas se le respeta, salvo que se trate de un espía. Protegen las ciudades que se rinden, y no saquean las que toman al asalto. Sin embargo, dan muerte a cuantos impidieron su rendición, y reducen a esclavitud al resto de sus defensores, pero no causan daño alguno a la gran multitud de los no implicados en la guerra. Si descubren quiénes fueron los que aconsejaron la rendición, les asignan una porción de los bienes de los que han sido condenados, y el resto se lo dan a las tropas auxiliares (nadie de entre ellos toma nada del botín).

Los gastos de guerra, acabada la campaña, no corren a cargo de los pueblos amigos por quienes han luchado sino a cargo de los vencidos, exigiendo que se les dé una parte en dinero (que según su costumbre se guarda para caso de guerra) y otra parte en fincas, de las que disfrutan a perpetuidad y que les devengan rentas elevadas. Son muchos los países de los que actualmente obtienen esta clase de ingresos que, poco a poco y por muy diversas causas, han llegado a alcanzar una suma de más de setecientos mil ducados. A dichas fincas destinan a algunos de sus conciudadanos, los cuales a título de cuestores llevan una vida espléndida y se les trata como a magnates. Así y todo, es mucho el sobrante que va a parar a las arcas del Tesoro, salvo cuando prefieren darlo en préstamo a alguna nación que lo precise, cosa que suelen hacer frecuentemente, sin que acostumbren a exigirles luego su íntegra devolución. También asignan otra parte de aquellas fincas a los que por instigación suya corrieron los riesgos a que anteriormente me refería.

Si algún rey se levantase en armas contra ellos, con intención de invadir uno de los territorios colocados bajo su dependencia, inmediatamente le salen al encuentro con un gran contingente de tropas allende sus propias fronteras. Porque, es de saber, que no hacen la guerra dentro de su propio territorio si no hay motivo que lo justifique; y tampoco ven que exista necesidad alguna como para obligarles a admitir tropas auxiliares en su isla.

Las religiones de los utopienses

Hay allí variedad de religiones, no solo por toda la isla sino también en cada una de las ciudades. Unos adoran al

179

sol, otros a la luna, y otros a alguno de los planetas. Hay también quienes consideran, no como un dios más, sino como dios supremo, a algún hombre que brilló en el pasado por su virtud o por su gloria.

Sin embargo, la gran mayoría —que es con mucho la más sensata— no venera a ninguno de esos, cree más bien en la existencia de una única divinidad: incognoscible, eterna, inmensa e incomprensible (pues se halla por encima de las posibilidades de aprehensión del humano entendimiento), y difundida por todo el universo en virtud de su potencia, no de su volumen. La denominan el Engendra- dor[45]. Únicamente a Él atribuyen el origen, el crecimiento, el progreso, el cambio, la evolución y el fin de todas las cosas; y a Él exclusivamente tributan honores divinos.

Por lo demás, todo el resto de la población —aun cuando difieran en sus creencias— está de acuerdo con estos últimos en un punto: que se trata de un único ser supremo, al cual se debe la creación y gobierno del universo. Todos, unánimemente, le llaman Mitra[46] en su lengua nativa; pero discrepan entre sí en cuanto al modo de concebir esa reali-

---

[45] El texto latino: *hunc parentem vocant. Parens* equivale a Dios en cuanto crea o engendra, refiriéndose a Él los utopienses como el origen de la naturaleza que les rodea. Moro, deliberadamente, parece haber evitado el uso de *Pater* para colocar a los de Utopía en un ambiente precristiano, ya que la filiación del Hijo —engendrado por el Padre— y la filiación de los cristianos —adoptados como hijos en virtud de la hermandad con Cristo— presupone la revelación del misterio de la Santísima Trinidad.

[46] Por lo que Hythlodeo refiere de la historia de las religiones en Utopía, Mitra, dios personal y ser supremo, parece aunar el antiguo culto a los astros con el dios creador y vivificador del universo, al que darían el nombre de Mitra.

El culto oriental de Mitra estuvo muy en boga en los siglos II y III del Imperio Romano, por lo que no es de extrañar que los romanos y egipcios que naufragaron en Utopía por entonces introdujeran a este dios de nombre persa.

Mitra (en latín, *Mythra*), igual que Abraxas, tiene un misterioso significado en la cábala. Simbólicamente, además, el culto al sol naciente no deja de tener su paralelo con la forma de la isla: una luna creciente; y también, históricamente, con la llegada en su plenitud de la religión cristiana.

dad. Con independencia de lo que constituye la naturaleza de ese ser supremo, lo consideran como un ser al que por común consenso se le atribuye poder absoluto sobre todo lo existente. Y por lo demás, todos se van apartando poco a poco de aquella diversidad de creencias supersticiosas, para venir a coincidir en una única religión, que racionalmente se muestra superior a las otras.

Indudablemente, tiempo ha que todas esas creencias habrían desaparecido si no fuera porque cuando sobreviene una desgracia cualquiera a un individuo que piensa cambiar de religión, no lo ven como suceso casual y, por miedo supersticioso, lo atribuyen a una intervención de lo alto: como si la divinidad se vengase por el impío propósito de abandonar su culto. Pero, luego que se enteraron por nosotros del nombre de Cristo, de su doctrina, costumbres y milagros, y de la constancia no menos admirable de tantos mártires cuya sangre, voluntariamente derramada, había atraído a su religión a muchos pueblos de las regiones más apartadas, no podéis imaginaros con qué sentimientos tan favorables se disponían a aceptarla, fuese por misteriosa inspiración divina o por considerarla muy afín a la creencia allí predominante.

En todo caso, estoy convencido de que debió influir no poco en ello el que oyeran decir cuánto agradaba a Cristo la vida en común de sus discípulos, y que esta se practicaba todavía entre las más íntegras comunidades de cristianos. Aunque la verdad es que, independientemente del motivo que a ello les impulsó, no pocos adoptaron nuestra religión y fueron bautizados en las sagradas aguas. Y como de los cuatro que quedábamos (a dos de los nuestros se los había llevado consigo el destino) ninguno éramos sacerdotes —cosa que siento—, a pesar de habérseles instruido en las demás materias, están aún por recibir los sacramentos que solo los sacerdotes pueden conferir, según nuestra religión.

Entienden de qué se trata y sienten grandísimo anhelo de recibirlos; y hasta debaten concienzudamente sobre la posibilidad de elegir a uno de los suyos en caso de que no se les envíe un obispo cristiano, para que se halle revestido del carácter sacerdotal. Parecían muy inclinados a elegirlo, pero cuando yo les dejé no lo habían hecho aún[47].

Quienes no aprueban la religión cristiana no intentan disuadir a nadie por intimidación, ni atacan a quien esté doctrinalmente persuadido a su favor. No obstante, encontrándome yo allí, a uno de nuestra comunidad se le impuso un correctivo. Se trataba de un individuo recién bautizado, que comenzó a discutir públicamente sobre el culto a Cristo, en contra de nuestro parecer y con mayor vehemencia que discreción, enardeciéndose hasta el punto de anteponer nuestros sagrados misterios a todos los demás y, asimismo, de condenar terminantemente todas las otras ceremonias como profanas, proclamando a voz en grito que sus seguidores eran impíos y sacrílegos, y destinados al fuego eterno. Tras haber pregonado durante algún tiempo tales cosas, le prendieron y fue acusado, no de ultraje a la religión, sino

---

[47] Aparte de la vida y doctrina de Cristo, de la constancia de los mártires y de la semejanza de la religión cristiana a una de sus principales sectas, lo que decidió a los utopienses a convertirse fue la existencia de «comunidades de cristianos» (*christianorum conventus*); y saber «cuánto agradaba a Dios la vida en común de sus discípulos» (*communem suorum victum*). No se trata de un comunismo de bienes materiales sino de una «*communio*» de espíritu y vida que llevaba consigo el desprendimiento de los bienes materiales. Son cosas bien distintas. Indirectamente, esto nos hace ver cómo el «comunismo» de Utopía está fundamentado no tanto en la comunidad de bienes cuanto en la sociabilidad, benevolencia y afecto familiar que une a todas sus gentes.

Es el obispo quien ordena sacerdotes, en virtud del sacramento del Orden. El así ordenado, por su carácter sacerdotal, confiere, a su vez, otros sacramentos, como la Eucaristía (consagración y celebración de la Santa Misa) y Penitencia (perdón de los pecados). Los cristianos utopienses, aún no bien instruidos en estas materias, «debaten concienzudamente» sobre una materia en la que les faltan conocimientos, tema que comenta humorísticamente Moro.

de haber provocado alboroto público. Se le procesó y fue condenado al exilio[48].

Entre sus más antiguas instituciones cuentan, ciertamente, con una por la que se establece que nadie ha de sufrir molestias a causa de la religión que profese. Ya desde un comienzo se enteró Utopo de que antes de su llegada los habitantes peleaban continuamente unos con otros por cuestiones religiosas; cayó entonces en la cuenta de que, al no ponerse de acuerdo para actuar conjuntamente, cada secta luchaba separadamente por su patria, y esto le brindó la oportunidad de someterlas a todas. Y, obtenida la victoria, lo primero que ordenó fue que cada cual podría practicar la religión que quisiera y hacer prosélitos, a condición de exponer sus razones con serenidad y moderación, sin acritud demoledora hacia las otras creencias. Si no lograba convencer, no debía recurrir a la violencia ni exacerbar los insultos; quien demostrara un descarado fanatismo en esta cuestión sería castigado con el destierro o la esclavitud.

Esto lo dispuso Utopo no tanto por consideración a la paz, arruinada con incesantes luchas y odios implacables, como por estimar que ello redundaría en beneficio de la propia religión. Sin embargo, no se atrevió a fijar, sin más ni más, unos principios respecto a ella, no estando seguro de si Dios pretende variedad y multiplicidad en el culto, inspirando cosas distintas a diferentes personas. Pensó, sin duda alguna, que el exigir con violencia y amenazas que todos acepten lo que uno tiene por verdadero es, a todas luces,

---

[48] La tolerancia religiosa en Utopía era una postura caritativa de hecho y de derecho. Tolerancia, como se verá poco más adelante, no absoluta sino relativa, en cuanto exigía admitir y vivir conforme a dos principios naturales religiosos: la inmortalidad del alma (con el corolario del premio o castigo en la otra vida por sus virtudes o pecados en la presente) y la existencia de una Providencia que gobierna la historia. La tolerancia religiosa no debe oponerse a la paz y buen orden de la sociedad, y es por esta razón por la que se condena a quienes, en nombre de la religión, perturban el orden público.

una demasía y un disparate. Además, en el supuesto de que únicamente existiese una religión verdadera y el resto fuesen falsas, previó que la fuerza misma de la verdad fácilmente terminaría despuntando e imponiéndose de por sí, siempre que se actuase con sentido común y discreción. Por el contrario, si se combatiese a mano armada y con alboroto, dado que los peores son las gentes más pertinaces, el resultado sería que la más excelsa y santa de las religiones correría el riesgo —en medio de supersticiones a cual de ellas más huera— de ser asfixiada como la mies entre espinas y maleza[49].

Así pues, esta cuestión quedó pendiente y se dejó a cada cual libertad de decisión en cuanto a sus creencias. Salvo que dio órdenes estrictas y terminantes para que nadie rebajase la dignidad de la humana naturaleza pensando que las almas perecen con el cuerpo o que el mundo marcha a su aire, sin Providencia que lo gobierne. Creen, por lo tanto, que los vicios tienen castigo señalado en la otra vida, y las virtudes su esperada recompensa. A quienes sostienen lo contrario ni siquiera se les considera como personas, por degradar la sublime naturaleza del alma a la vil condición del cuerpo de los brutos; lejos están de tomarlos como unos ciudadanos más, pues de no contenerles el miedo, les importarían un bledo instituciones y costumbres.

¿Es que cabe la menor duda de que un individuo de esta clase no intentaría burlar con mañas las leyes de su patria o infringirlas con violencia, buscando el satisfacer sus ambiciones personales, pues no existe para él temor alguno más

---

[49] Santo Tomás de Aquino, al plantearse si se ha de adoptar una postura de coacción para atraer a la fe católica al no creyente, responde: a los paganos «de ningún modo se les ha de compeler a abrazar la fe, con objeto de que crean, porque el creer depende de la voluntad» (*Suma Teológica*, II, II, q.10, art. 8). Ese ámbito irreductible de nuestro querer y de nuestra conciencia puede, sin embargo, verse ahogado por guerras, tumultos y persecuciones, y no dar fruto espiritual alguno (cfr. *San Marcos* 4, 7; parábola del sembrador).

allá de la ley, ni esperanza alguna más allá del cuerpo? Por eso, a quien abriga tales sentimientos ni se le honra con distinciones honoríficas, ni se le encomiendan cargos de autoridad, ni se le pone al frente de la función pública. En todo caso, se le desprecia como a sujeto de naturaleza desidiosa y mezquina. Por lo demás, no se les impone castigo alguno, porque tienen la convicción de que no está en manos de nadie creer lo que le plazca. Tampoco recurren a la amenaza para hacer que disimule sus inclinaciones, ni toleran el fingimiento o la mentira, que están a un paso del engaño y es cosa que detestan de todo corazón. Tienen prohibido el disputar defendiendo una postura, especialmente delante del vulgo, pero no ante los sacerdotes o las personas sesudas, porque entonces no solo se lo consienten sino que les exhortan a hacerlo, persuadidos de que su locura terminará entrando en razón.

Hay también otras gentes —y en número no corto— a quienes nadie les molesta en absoluto, porque no carecen de fundamentación razonable ni se trata de gente perversa; estos son los que mantienen un error opuesto: que los animales también están dotados de alma inmortal, aunque no comparable a la nuestra en dignidad ni nacida para una felicidad semejante. Todos ellos tienen como cosa cierta y comprobada que la bienaventuranza humana será tan inmensa que, aun lamentando la enfermedad de una persona, no les apena la muerte de nadie, salvo la de quienes se resisten, acongojados, a arrancarse de esta vida. Lo cual consideran pésimo presagio, como si el alma, desesperanzada y con turbación de conciencia, se espantase de la partida de este mundo, barruntando misteriosamente el castigo que le aguarda. Piensan, asimismo, que Dios no puede recibir con agrado la llegada de alguien que, cuando se le llama, en lugar de acudir gozoso lo hace de mala gana y remoloneando. Quienes presencian una muerte así, se horrorizan, y tristes y en silencio retiran a los difuntos; luego de implorar a Dios que acoja benignamente sus espíritus y que perdone clemente sus flaquezas, entierran el cadáver. Por el contrario, a los que marchan a la otra vida alegres y llenos de gozosa esperanza, a esos nadie les llora: siguen a la comitiva fúnebre entonando cánticos y encomiendan con gran afecto su alma a Dios[50]. Después incineran sus restos mortales con más reverencia que dolor, y allí mismo erigen una columna en la que van inscritos los títulos del difunto. De regreso a sus hogares rememoran rasgos de su carácter y sus hazañas. De ningún aspecto de su vida se habla con mayor frecuencia y agrado que de su gozoso tránsito.

Esta rememoración que se tributa a su honradez la consideran como el más eficaz estímulo para que los vivos practiquen la virtud; y la tienen también por gratísimo culto a los difuntos, que se hallan, en su opinión, presentes cuando de ellos se habla en las conversaciones (bien que invisibles a la embotada sensibilidad de los mortales). No estaría muy de acuerdo con la suerte de los bienaventurados el que careciesen de libertad para desplazarse a donde se les antojara; y sería ingratitud por su parte el rechazar el deseo de visitar a los amigos con quienes un mutuo amor y cariño les vinculaba en este mundo. A su parecer, este tipo de bienes —u otros cualquiera—, si se trata de gente buena, más que a disminuir tiende a aumentar después de la muerte. Están convencidos, pues, de que los difuntos se entremezclan con los vivos, siendo espectadores de sus dichos y hechos. De ahí la gran confianza que experimentan al acometer una

---

[50] Los utopienses, felices en esta vida por llevar una existencia virtuosa, también lo son en la venidera, pues Dios premiará sus buenas obras. Nadie llora la dicha de un bienaventurado; al contrario, se alegra de su bien.

Tal vez haya también un acento de crítica en esta costumbre de Utopía contra aquellos que se preocupan más de la pompa externa en entierros y funerales que de encomendar sinceramente a Dios el alma del difunto.

empresa: se sienten como protegidos por su asistencia, y la certeza de que sus antepasados se hallan presentes les refrena de realizar a escondidas actos inmorales.

A los agüeros y otras artes adivinatorias, vanas y supersticiosas, muy en boga en ciertos pueblos, no les prestan la menor atención; más bien lo toman a broma. En cambio, a los milagros, que acaecen al margen de toda intervención natural, se les reverencia en cuanto son operaciones y testimonio de la presencia de la divinidad. Según dicen, sucesos de ese tipo se dan allí con frecuencia. En situaciones peligrosas y críticas suelen hacer rogativas públicas, firmemente confiados en que los obtendrán; y sus ruegos tienen respuesta[51].

Estiman que es culto agradable a Dios la contemplación de la naturaleza y la alabanza que ello inspira. Sin embargo, hay personas —y no pocas ciertamente— que desatienden por motivos religiosos su formación humanística; no se dedican a la investigación de la naturaleza, sin que eso signifique que se entreguen a la ociosidad, sino que se aplican por entero al trabajo en obras asistenciales, con el propósito de merecer la felicidad futura después de la muerte.

Así, unos cuidan de los enfermos; otros rehacen los caminos, limpian el alcantarillado, reparan puentes, extraen mantillo, arena y piedra, cortan y trocean árboles, y transportan a las ciudades, en carretas tiradas por dos bueyes, la leña, las cosechas y otros productos semejantes. No se emplean solo en servicios públicos sino también en el de los particulares, trabajando más que auténticos esclavos. No hay faena ardua, ingrata o repugnante —de esas que la

---

[51] Las rogativas públicas que organizan los utopienses son un acto de culto a la Divinidad, la cual confirma su existencia y la aceptación de esas plegarias con milagros. Con ello Dios testimonia la verdad de esa doctrina (que es todopoderoso y Señor de la naturaleza), no el que la religión de ese pueblo pagano sea la verdadera.

mayoría de las personas rechaza como tarea enojosa o repelente— que no asuman ellos de buen talante y con alegría. Procuran así que los demás tengan ocio mientras ellos se afanan sin tregua en trabajos y penalidades. No obstante, ni pasan cuenta por sus servicios, ni critican vidas ajenas, ni se engríen por la que ellos llevan. Cuanto más se comportan como siervos, en mayor estima les tiene todo el mundo.

Pero entre ellos existen dos sectas. Una la de lós célibes, que se abstienen de todo deleite venéreo y también de comer carne (algunos incluso de todo alimento que proviene de animales). Rechazan absolutamente, como nocivos, los placeres de la vida presente, aspirando tan solo a obtener en breve, con vigilias y sudores, los bienes de la vida futura; mientras tanto se conservan activos y vigorosos.

La otra secta, no menos ganosa del trabajo, se inclina al matrimonio, sin menospreciar sus consuelos; juzgan que deben cumplir con la obligación natural y engendrar hijos para la patria. No rehúyen placer alguno, con tal que no les aparte del trabajo. Gustan de tomar carne de reses, pensando que esta clase de alimento da mayor energía para trabajar. Los utopienses tienen a los de esta secta por más prudentes y a los otros como más santos; pero estos últimos serían objeto de ludibrio si pretendieran argumentar con razones por qué prefieren el celibato al matrimonio, y por qué anteponen la vida áspera a la placentera[52]. Ahora bien, puesto que reconocen que lo que les impulsa a ello es la religión, se les admira y reverencia. No hay norma más celosamente respetada por los utopienses que el evitar pronunciarse de manera ofensiva en cuestiones religiosas. Este es el género de vida que llevan los que en su lengua denominan, con pe-

---

[52] De las dos sectas religiosas —casados y célibes— consideran a los primeros como más prudentes, y a los segundos como más santos. Los más santos viven la renuncia a los placeres, porque se sienten movidos a ello por razones religiosas, por una virtud más excelsa que la humana prudencia.

culiar apelativo, Buthrescas; palabra que podría traducirse en latín por «ultra religiosos»[53].

Cuentan con sacerdotes de eximia santidad; y, por eso mismo, muy pocos: no más de trece por ciudad (número igual al de sus templos), excepto cuando han de ir a la guerra. Entonces siete de ellos acompañan al ejército, siendo reemplazados transitoriamente por otros tantos; pero cuando aquellos regresan cada cual recobra sus puestos. Los sobrantes, en espera de ir sustituyendo a los que mueran, actúan como adjuntos del Pontífice, pues hay un sacerdote al frente de los demás.

Es el pueblo quien los elige, según el mismo ceremonial que a los otros magistrados: por votación secreta, para evitar maquinaciones. Los elegidos son consagrados por el colegio sacerdotal. Presiden los oficios divinos, cuidan de los asuntos religiosos y son algo así como los censores de costumbres, teniéndose por muy vergonzoso el que alguien se vea obligado a comparecer para que le reprendan como a persona de vida poco honorable. Porque función suya es aconsejar y reprobar, ya que al gobernador y a los demás magistrados incumbe la detención y castigo de los malhechores, aunque sí pueden excluir del culto sagrado a quienes llevan una vida de obstinada malicia. Difícil es hallar castigo que les horrorice tanto como este, pues con él quedan tachados de grandísima infamia, desgarrándoles un secreto terror religioso. Ni siquiera físicamente se encontrarán seguros por largo tiempo, porque, si no se confirma ante los sacerdotes su pronto arrepentimiento, el Senado les arresta, imponiéndoseles la pena debida a su impiedad.

---

[53] Buthrescas significa «superreligiosos», «excesivamente religiosos», como para dar a entender que son otras virtudes más allá de las puramente racionales las que mueven a esas gentes.

Son ellos, los sacerdotes, los encargados de instruir a los niños y a los jóvenes, atendiendo más a las costumbres y a la virtud que a la enseñanza de las letras. Su máximo esfuerzo consiste en inculcar cuanto antes en las mentes de los niños, aún tiernas y maleables, sanos principios, útiles para la conservación del Estado. Principios que, una vez implantados en la infancia, acompañarán al hombre toda su vida, sirviendo con eficacia al mantenimiento del régimen social (pues su ruina no proviene más que de los vicios brotados de ideas perversas).

Los sacerdotes escogen esposa entre las mujeres más distinguidas de la población. Esto, si no se trata de mujeres; puesto que no existe discriminación para el sacerdocio en cuanto al sexo (aunque muy raramente se las elige, a no ser que sean viudas y de edad avanzada[54]). No hay entre los utopienses cargo oficial de mayor prestigio, hasta el punto de que, aun habiendo cometido un delito, no están sometidos a la jurisdicción de los tribunales públicos: se les deja en manos de Dios y de su conciencia. No es lícito, entre ellos, que nadie ponga su mano pecadora sobre una persona que, por muy criminal que sea, está consagrada a Dios de modo tan particular, como una ofrenda. Esta costumbre es fácil de guardar por cuanto son pocos los sacerdotes y se les elige tan cuidadosamente. Muy raro sería, pues, que una persona constituida en tan alta dignidad (por ser el mejor de entre los buenos, y por exclusiva consideración a sus virtudes) cayese en la corrupción y en el vicio. Pero si, por lo mudable

---

[54] En Grecia y en Roma existían sacerdotes y sacerdotisas en algunos templos. Platón al estudiar la organización de la ciudad y de sus templos establece las reglas de quienes habrían de ejercer allí el sacerdocio —hombres y mujeres—, nombrándoseles por elección o por suerte, e incluso por herencia familiar. Sus cualidades morales y vida familiar, así como la edad mínima de sesenta años, era un imprescindible requisito para desempeñar el oficio sacerdotal (*Leyes*, VI, 759).

de la humana naturaleza, se viniera a parar en tal extremo, no es de temer —dado su corto número y el no hallarse investidos de otra autoridad que la honorífica— que se ocasionen graves daños a la sociedad. Si mantienen un reducido y selecto número de ellos es para que la dignidad de un orden —al que actualmente se profesa tal reverencia— no quede rebajado si tal honor se extendiese a muchos otros. Aparte de lo difícil que resultaría —según ellos— encontrar suficientes personas buenas y dignas de acceder a un puesto para el que no es suficiente el poseer virtudes mediocres.

La estimación de que allí gozan los sacerdotes no supera, con todo, la que tienen entre las naciones extranjeras; lo cual —en mi opinión— se explica fácilmente por el modo en que se originó. Cuando los ejércitos libran batalla, los sacerdotes se mantienen apartados, no muy lejos, de rodillas, revestidos con sus sagradas vestimentas y con las palmas de las manos tendidas al cielo. Ruegan, en primer término, por la paz; y luego por la victoria de los suyos, pero sin que resulte sangrienta para ninguno de los dos bandos. Si salen victoriosos los suyos, acuden corriendo a primera línea para impedir que se encarnicen con los vencidos: basta con que estos los vean y supliquen su presencia para que se les respete la vida; y el tomar contacto con sus revoloteantes vestimentas sirve también de protección a sus otros bienes contra los daños propios de la guerra. De ahí que sea tan grande la veneración que se les profesa, tan auténtica su autoridad en todas las naciones a la redonda que muchas veces han logrado salvar a sus conciudadanos de manos enemigas merced a una intervención no menos eficaz que la que libra al enemigo de las manos de los suyos. Consta que en una ocasión en que cedían sus líneas y la situación se hacía desesperada, con la gente dándose a la fuga y el enemigo lanzado a la matanza y al botín, la intervención de los sacerdotes detuvo la carnicería. Luego, una vez separados los ejércitos, se negoció y cerró la paz en justas condiciones. Jamás se supo de nación alguna, por muy feroz, cruel y bárbara que fuese, que no considerara sacrosanta e inviolable a esa corporación sacerdotal.

Las fiestas se celebran el primero y último día de cada mes y de cada año (estos se dividen en meses, los cuales se fijan por revoluciones lunares, al igual que los años se establecen por órbitas solares). A los días primeros les llaman en su lengua «cinemernos»; y a los últimos, «trapemernos» (vocablos que significan lo mismo que «fiestas iniciales» y «fiestas finales» [55]).

El aspecto de sus templos es de gran magnificencia, tanto por la suntuosidad de la fábrica, como por su gran capacidad, pues disponen de un corto número de ellos para recoger a multitud de fieles. Sin embargo, todos los templos son un tanto sombríos, cosa no atribuible a ignorancia del arte arquitectónico, sino —según dicen— al plan aconsejado por los sacerdotes, que estiman que una excesiva iluminación distrae del recogimiento, mientras que una iluminación más mitigada y un tanto sombría reconcentra la mente e intensifica la devoción religiosa. Y como esta no se traduce en una expresión única para todos ellos (aun cuando todas sus formas, por variadas y múltiples que sean, vienen a converger, como por diversos caminos, en el culto de una divinidad natural), nada se ofrece en los templos, a la vista o al oído que no se ajuste a lo que todas esas devociones tienen de común.

Si alguna secta posee ritos particulares, estos se practican en casa, de puertas adentro. Los oficios públicos se atienen

---

[55] El origen de estas palabras griegas no es del todo claro. Dado que el calendario utopiense cuenta por meses lunares, *cynemerni* tanto puede significar «los días del can» (en que se dejaba alimento para los perros la noche anterior a la luna nueva, que nacía con sus aullidos), como «los días del comienzo». *Trapemerni* serían los «días de retorno».

a un ceremonial que no interfiere con ninguno de los ritos privados, razón por la que no se ven en sus templos imágenes de las divinidades, para que cada cual sea libre de representarse a Dios bajo la forma que más le plazca, brotada de su más honda devoción. No tienen un nombre especial con el que invocar a Dios, excepto el de Mitra, voz con la que todos ellos coinciden en designar una única naturaleza de la majestad divina, cualquiera que esta sea; y no hay oración que no esté concebida de tal suerte que cualquier fiel pueda recitarla sin que ello suponga ofensa para su secta.

Los días de fiesta final acuden al templo por la tarde, en ayunas, para dar gracias a Dios por el venturoso transcurso del año o del mes en cuyo último día cae la fiesta. Al día siguiente, que es fiesta inicial, concurren de mañana a los templos para rogar juntos por un próspero y feliz desarrollo del año o mes que se inicia bajo los auspicios de la fiesta. En las fiestas finales, antes de dirigirse al templo, las esposas se echan de rodillas a los pies del marido, y los hijos a los pies de sus padres, confesando haber pecado, ya por comisión de una falta, ya por omisión negligente de sus deberes; y piden perdón por su descarrío. De manera que con esa reparación queda ventilada cualquier nubecilla que empañe la concordia del hogar, pudiendo participar así en los sacrificios con el alma pura y serena (sería execrable asistir a ellos con una conciencia impura). Por eso, quienes son conscientes de guardar odio o ira contra alguien no acuden a los sacrificios sin antes reconciliarse y purificar sus sentimientos, por miedo a la terrible venganza que podría recaer sobre esa maldad.

Conforme van llegando, los hombres se colocan a la parte derecha del templo; y las mujeres, separadas, a la izquierda. Se distribuyen de tal modo que los varones de cada hogar se sientan delante del padre de familias. Así se consigue que los gestos que haga cualquiera de ellos no escapen externamente a la vigilancia de quienes mantienen la autoridad y disciplina hogareña. También se preocupan de que los más jóvenes estén al lado de las personas mayores, para evitar que los chiquillos, puestos a cargo de otros chiquillos, aprovechen la ocasión para hacer chiquilladas, cuando deberían estar atentos sobre todo a concebir un temor religioso hacia las deidades, principal y casi exclusivo estímulo de las virtudes[56].

En los sacrificios no inmolan animales. No creen que con sangre o matanzas se hagan adeptos a la divina clemencia, que ha concedido la vida a las criaturas animales precisamente para que gocen de ella. Queman incienso y otras sustancias aromáticas parecidas, ofreciendo también cirios en gran número. No es que ignoren ciertamente que eso nada añade a la divina naturaleza —como tampoco le añaden nada las oraciones de los hombres—, sino que se complacen de ese modo inocente en tributar adoración; y los aromas, y las luces, y las demás ceremonias hacen que los hombres sientan un no sé qué, que les eleva e incita a rendir culto a Dios con mayor diligencia de espíritu.

Los fieles llevan en el templo vestiduras albas. El sacerdote va revestido de ornamentos multicolores, de admirable hechura y diseño, aunque su material nada tenga de valioso; no están realzados de oro o recamados de pedrería preciosa, sino confeccionados con variedad de plumas de ave, con tal esmero y artificio que el costo de cualquier otro material empleado no igualaría el valor de ese trabajo. Además, en esos penachos y plumas de ave, por la disposición con que se combinan en las vestimentas sacerdotales, se encierran,

---

[56] No se refiere el sentido de este «temor religioso» al miedo, como pasión o aprensión de un peligro, sino al *metus reverentialis,* que brota del deseo piadoso de no ofender a las divinidades, a los seres celestiales (*religiosum erga superos metum*).

según ellos, recónditos misterios, cuya interpretación —celosamente transmitida por quienes sacrifican— trae a su memoria los favores divinos recibidos y, a la vez, la piedad que a Dios se debe y las obligaciones que a ellos les vinculan con el prójimo[57].

Tan pronto como el sacerdote, así adornado, sale del vestuario, inmediatamente todos los fieles se postran por tierra y se hace por todo el ámbito un silencio tan profundo que ese espectáculo, ya de por sí, suscita un hálito de terror, como si estuviera presente una divinidad. Permanecen un rato echados por tierra y, a una señal del sacerdote, se levantan. Luego entonan cánticos de alabanza a Dios con acompañamiento de instrumentos musicales, de formas muy diferentes a las que se ven por esta parte del mundo. La mayoría de ellos tienen una dulzura de sonido muy superior a los que nosotros usamos; algunos incluso no admiten ni comparación con los nuestros. Pero hay algo en lo que de manera especial nos aventajan, indudablemente. Toda su música, ya sea ejecutada con instrumentos o ya sea modulada por la voz humana, copia y expresa de tal modo los sentimientos naturales, tan exactamente se ajusta el sonido al tema del asunto —trátese de una oración impetratoria, de júbilo, propiciatoria, de angustia, de queja o de lamento—, y tan bien se acomoda la composición melódica a lo significado, que conmueve maravillosamente el ánimo de los oyentes, los penetra y los inflama.

Al final vuelven a recitar juntos, sacerdote y pueblo, la fórmula solemne de las preces, compuesta de forma que lo

---

[57] La vestimenta blanca simboliza la pureza y la inocencia; las vestimentas litúrgicas de diversos colores, así como los dibujos o símbolos, se confeccionan con penachos y plumas de ave, y encierran un misterioso carácter religioso y social. Moro pudo muy bien inspirarse en el Antiguo Testamento, en los Evangelios o en el Apocalipsis, donde aparecen animales y aves de todo tipo: el águila, la paloma, la tórtola, el pelícano, el cuervo, etc.

que todos recitan al unísono pueda aplicárselo cada uno a sí mismo en particular. En ella se reconoce a Dios como autor de la creación, de su gobierno y de todos los bienes, dándole gracias por el conjunto de los beneficios recibidos y, en particular, por cuanto su divina benevolencia les hizo vivir en la más feliz de las repúblicas, tocándoles en suerte una religión que —así lo esperan— es la más verdadera de todas. Pero, caso de que se equivocasen o existiera alguna otra forma superior a esa y más aceptable a Dios, suplícanle que por Su bondad se lo dé a conocer, pues están dispuestos a seguir por el camino que Él quiera conducirles. Si, por el contrario, la forma de su Estado es la mejor y su religión la más ortodoxa, en ese caso piden a Dios les conceda la perseverancia y atraiga a todo el resto de los mortales a esa misma condición de vida, y a esa misma creencia en la divinidad, a menos que Su inescrutable querer muestre complacerse en la diversidad de cultos[58].

---

[58] La fórmula solemne de las preces que recitan juntos todos los ciudadanos de Utopía tiene carácter oficial, por encima de las diversas sectas y doctrinas religiosas de la isla. Es una acción de gracias a Dios creador y providente; y en ella se cifra la interpretación y sentido de la República de Utopía.

Los utopienses dan gracias a Dios porque creen vivir «en la más feliz de las repúblicas» y poseer «la más verdadera de todas las religiones». Pero tienen sus dudas; acaso estén equivocados, y entonces piden a Dios que se lo haga ver y les conduzca por el camino que Él desee.

Los utopienses no tienen la certeza de que su forma de gobierno y su religión sean las mejores. Tampoco lo creen así Moro y Gilles —que reconocen, sin embargo, la superioridad de algunas de sus instituciones, aunque no todas son imitables—, solamente Hythlodeo parece ciegamente entusiasmado con Utopía.

El título de la obra («Sobre la mejor forma de Comunidad política y la nueva isla de Utopía») no ha de tomarse como que Utopía es la mejor forma de Comunidad política y espejo de las demás repúblicas, sino que el libro es una consideración sobre una mejor forma de gobierno. Interpretación avalada por el pensamiento que cierra la obra, con carácter de veladura sibilina y no de afirmación incondicional: «en la República de los utopienses hay muchas cosas que desearía ver implantadas en nuestras ciudades, aunque, la verdad, no es de esperar que lo sean».

Suplícanle, en fin, que tras una plácida muerte les acoja en Su seno, sin atreverse a fijar el cuándo, si pronto o tarde. No obstante, y siempre que ello no represente ofensa alguna a Su divina majestad, más dentro de su corazón está el deseo de llegar a Dios a costa de una durísima muerte que no el permanecer apartados de Él por largo espacio de vida y disfrutando de la mayor prosperidad.

Una vez hecha esta plegaria, se postran de nuevo por tierra, para levantarse al cabo de un rato e irse a comer. El resto del día lo emplean en juegos y ejercicios de entrenamiento militar.

Consideraciones finales

Os he descrito, pues, con la mayor fidelidad posible, la constitución de su Estado; a mi entender, no solo el mejor sino el único que con toda justicia podría aspirar al título de «Respublica»[59]. Porque en otras partes donde no se oye hablar más que del interés público, en realidad no se atiende sino al privado. Allí, en cambio, se ocupan seriamente de los asuntos públicos, ya que no existe nada privado; y motivos hay que justifican el que se actúe así, diferentemente, en uno u otro caso. Porque todos saben, y a nadie se le escapa, que por mucha prosperidad que exista en un Estado, si uno no se preocupa de apañar algo para sí, terminará pasando hambre. Es la necesidad, por tanto, quien nos lleva a creer que antes debe atenderse a lo propio que a lo del pueblo, es decir, a lo ajeno. Mientras que, por el contrario, allí —donde todas las cosas son comunes— nadie teme que

---

[59] Hythlodeo afirma, por una parte, que en Utopía se da la mejor forma de constitución política, y, por otra, que no puede hablarse de «res publica» auténtica si el interés privado se impone al interés general

vaya a faltarle cosa alguna privada (con tal que se mantengan rebosantes los graneros públicos).

Por supuesto, a la hora de repartir productos no se andan con cicaterías. No existen allá ni pobres ni mendigos: aun no poseyendo nada, todos son ricos. Porque ¿qué mayor riqueza que vivir totalmente libre de preocupaciones, contento y sereno el ánimo?; sin sobresalto por lo que hay que comer, sin sentirse hostigado por los quejumbrosos reproches de la esposa, sin temor a dejar a los hijos en la pobreza, sin angustias por la dote de las hijas, sino seguro del mantenimiento y felicidad de todos los suyos: mujer, hijos, nietos, bisnietos, tataranietos y demás larga progenie de que se jactan los hidalgos. Aparte de que las atenciones con que se rodea a los que trabajaron antaño, y hoy día se hallan incapacitados, no son menores que si actualmente trabajasen. Ya quisiera yo ver quién se atreve a comparar con esas equitativas y previsoras medidas la justicia existente en otras naciones; ¡qué me aspen si hay en ellas el menor rastro de justicia o equidad!

¿Qué clase de justicia es esa que a un noble cualquiera, a un orfebre, a un prestamista, o, en fin, a uno de esos individuos que no hacen nada —o si lo hacen de nada sirve al Estado— les permite llevar una vida de derroche y esplendidez a base de ocio y ocupaciones inútiles? En cambio, el jornalero, el carretero, el artesano y el labrador, que realizan trabajos tan duros y continuos que ni las bestias de carga los soportarían, y trabajos tan indispensables que sin ellos no duraría un solo año el Estado, estos perciben un mezquino sustento y llevan una vida miserable. De tal forma viven, que la condición de las bestias de carga podría hasta parecer preferible a la suya. En efecto, el trabajo de aquellas no es tan continuo, ni mucho peor el alimento (para ellas incluso es sabroso), ni tienen que estar pendientes del futuro. Estos trabajadores, por el contrario, sienten el aguijón de las fatigas presentes, sin fruto ni provecho, y les va matando el presentimiento de una vejez indigente. Lo cierto es que reciben unos jornales que no bastan para atender con holgura sus necesidades cotidianas, y distan mucho de permitirles ahorrar día a día un remanente con el que cubrir las necesidades de la vejez.

¿No es acaso injusta e ingrata una sociedad que prodiga tanto obsequio a esos que se llaman nobles, y a los orfebres y demás congéneres, gente ociosa que vive tan solo de la adulación y de fomentar vanos placeres? En cambio, ¿qué benévolas prevenciones se hacen a favor de labradores, carboneros, braceros, carreteros y carpinteros, sin los cuales sería imposible que subsistiera el Estado? Porque, una vez que han consumido su edad viril en el trabajo, y se ven cargados de años y achaques, y desprovistos de todo, es entonces cuando —olvidando los muchos desvelos y los cuantiosos beneficios que han reportado a la sociedad— se les paga, desagradecidamente, con la más mísera de las muertes. Y no es esto todo: del jornal que reciben los pobres les roen los ricos todavía una porción, apelando para ello no solamente al fraude privado sino que se aprovechan también de las leyes injustas. De manera que algo que por principio es injusto (como lo es el que los merecedores de recompensa por parte del Estado sean los ciudadanos peor retribuidos por este), tamaña depravación la convierten ellos en pura justicia mediante la promulgación de una ley.

Contemplando todos esos Estados tan florecientes hoy día, meditando en su situación, no se me ocurre otra cosa —Dios me libre—, sino que se trata de una especie de conspiración de los ricos, que se sirven del nombre y título de «respublica» para sus intereses particulares[60]. Arbitran e in-

---

[60] El tema de que aquí se trata es de de la distribución equitativa de la riqueza. Los utopienses, «aun no poseyendo nada, todos son ricos»,

ventan, pues, toda clase de argucias y procedimientos: primeramente para detentar, sin temor a que se lo quiten, lo que han acumulado con sus artimañas; y, luego, para pagar lo menos posible por la mano de obra y fatigas de los pobres, abusando de ellos. Es suficiente que los ricos decreten por una sola vez que esas maquinaciones deben acatarse en nombre del interés público (es decir, también en interés de la gente pobre), para que adquieran con ello fuerza de ley.

¿Quién ignora que los fraudes, robos, rapiñas, reyertas, motines, pendencias, levantamientos, asesinatos, traiciones y envenenamientos —que aunque diariamente se castigan con ejecuciones no se consigue refrenar— quedarían definitivamente extinguidos junto con la supresión del dinero? Y al mismo tiempo que el dinero desaparecería también el temor, la inquietud, las preocupaciones, las fatigas y vigilias, y hasta la pobreza misma —única que parece andar corta de dinero—; también ella decrecería tan pronto se eliminase totalmente el dinero en el mundo.

Para dejarlo más claro: imagínate uno de esos años estériles e infructuosos en que el hambre ha barrido de en medio muchos miles de personas; pues bien, estoy absolutamente convencido de que si se registrasen los graneros de los ricos al terminar ese azote, se hallaría tal cantidad de grano que, distribuido entre los que se llevó consigo el hambre y la pes-

---

pues no pasan necesidades en el presente, ni temen escasez en el futuro. En cambio, en los Estados «florecientes» unos son injustamente ricos y otros injustamente pobres; y esto en pleno «estado de derecho». En efecto, los ricos, que detentan el poder, hacen leyes a su medida, para proteger sus intereses y posesiones, sirviéndose «del nombre y título de *republica* para sus intereses particulares». Los ricos no despojan ilegalmente a los pobres sino que se valen de argucias legales para quitarles lo que en justicia se les debe. Este procedimiento es «una especie de conspiración de los ricos» (*quaedam conspiratio divitum*). Frase sin paliativos en boca de Hythlodeo; y la más revolucionaria expresión de todas las contenidas en la *Utopía*.

te, nadie hubiera notado en lo más mínimo aquella penuria del cielo y de la tierra. Qué fácil sería el encontrar con qué mantenerse si ese dichoso dinero —maravillosa invención para franquearnos las puertas del sustento— no fuera precisamente la barrera que nos cierra el camino para poder subsistir. Hasta los ricos, no me cabe duda, se dan cuenta de ello; y saben que sería preferible una situación en que no faltase lo necesario que no el que hubiera abundancia de cosas superfluas, y que mejor es estar libre de muchos males que estar agobiado por enormes riquezas.

Tampoco tengo la menor duda de que el dictado del interés particular de cada uno o la autoridad de Cristo Salvador nuestro (cuya inmensa sabiduría no puede desconocer lo más conveniente, ni su bondad dejar de aconsejarnos lo más deseable) tiempo ha que hubiesen arrastrado sin dificultad al mundo entero a adoptar las leyes de esta República. Así sería, salvo que a ello se opone un único engendro: la soberbia, que es cabeza y madre de toda peste, y que no mide su prosperidad por el bienestar propio sino por el malestar ajeno[61]. Y no aceptaría que se le proclamase diosa si había de serlo a condición de no tener gentes miserables a quienes sojuzgar y recriminar; para resplandecer así feliz por contraste con la desdicha del prójimo, y para que la ostentación de sus riquezas provoque angustias y resquemor a la pobreza. Esa es la

---

[61] Al llegar a este punto se ve claramente que la *Utopía* —en el pensamiento de su autor— no es otra cosa que un instrumento de reflexión, un ejercicio didáctico y dialéctico basado en la hipótesis de la eliminación de la propiedad privada y en otras hipotéticas instituciones.

Se apunta también que el aparente ejemplarismo de la Utopía de nada vale si el hombre no se ha liberado antes de sus vicios, que parecen ir vinculados a la codicia del dinero. Tampoco es suficiente librarse de la codicia del dinero, porque la soberbia, «fuertemente enraizada en los hombres», es el pecado capital que impide a estos emprender humildemente «el camino que ha de mejorar sus vidas». Y la lección moral consiste en mostrar que una auténtica renovación social ha de comenzar con la conversión interior del individuo.

sierpe infernal, que se introduce reptando en el corazón de los mortales para retenerlos e impedir —como hace la rémora— que emprendan el camino que ha de mejorar sus vidas; y es difícil quitársela de encima, por estar fuertemente enraizada en los hombres.

Me alegra el que esta forma de constitución política, que de buena gana desearía para todo Estado, haya sido adoptada al menos por los utopienses, que, ajustándose a tales principios de convivencia, han echado los fundamentos de una República de lo más feliz y —en cuanto es dable predecir humanos proyectos— de eterna duración. Han extirpado en su interior las raíces de la ambición y de las facciones, junto con otros vicios; ya no corren, pues, peligro alguno de tener que sufrir disensiones intestinas, que bastaron de por sí para arruinar el esplendor de muchas ciudades estupendamente fortificadas. Mientras se conserve la concordia en el interior y las instituciones se mantengan saludables, la envidia de los príncipes de todos los países limítrofes no será capaz de echar abajo ni de cuartear tan poderoso imperio (aunque frecuentemente lo intentaron en el pasado, y fueron siempre repelidos).

* * *

Acabado que hubo Rafael este relato, veníanme a la memoria no pocas cuestiones referentes a las costumbres y leyes de ese pueblo. A mi parecer eran cosas totalmente absurdas, no solo en cuanto al modo de guerrear, los ritos, la religión y demás instituciones, sino sobre todo en lo que constituye el fundamento básico de toda su constitución social. Esto es, en la comunidad de vida y bienes sin que circule en absoluto el dinero, que es precisamente lo que da al traste con toda la nobleza, magnificencia, esplendor y

202

majestad en que —según la opinión pública— consiste la auténtica gloria y ornato del Estado[62].

Sabiendo que se encontraba cansado de tanto hablar, y no estando yo muy seguro tampoco de que se mostrara dispuesto a que le llevasen la contraria (recordando sobre todo cómo había reprendido a los que temían pasar por ignorantes si no encontraban reparos que poner a la opinión del prójimo) hice un elogio de las instituciones de esas gentes y de su relato. Cogiéndole de la mano lo llevé al comedor, no sin antes decirle que ya tendríamos ocasión de meditar más a fondo sobre esos temas y discutirlos con él más detenidamente. ¡Ojalá se presente algún día tal oportunidad!

Mientras tanto, así como no puedo asentir a todo lo que dijo —aun procediendo indisputablemente de persona muy erudita y al mismo tiempo con gran experiencia de asuntos humanos—, así también he de confesar de buen grado que en la República de los utopienses hay muchas cosas que desearía ver implantadas en nuestras ciudades, aunque, la verdad, no es de esperar que lo sean.

---

[62] Esta frase, naturalmente, ha de interpretarse como irónica.

ESTE LIBRO, PUBLICADO POR
EDICIONES RIALP, S. A.,
MANUEL URIBE 13-15, 28033 MADRID,
SE TERMINÓ DE IMPRIMIR EN
ANZOS, S. L. FUENLABRADA (MADRID),
EL DÍA 17 DE FEBRERO DE 2026.